できる大人の語彙力2200

福田尚弘

リベラル文庫

はじめに

この本は、語彙力を「効率的」に強化することを目的として作られたものです。

日常生活・社会生活における、様々な場面に応じた言葉の知識を多く身につけておくことによって、理解力と伝達力は大きく広がって行きます。

語彙不足を「コミュニケーションのブレーキ」とさせないために、そして語彙を増やして世界を広げるために、本書のご利用をお勧めします。

福田尚弘

本書の使い方

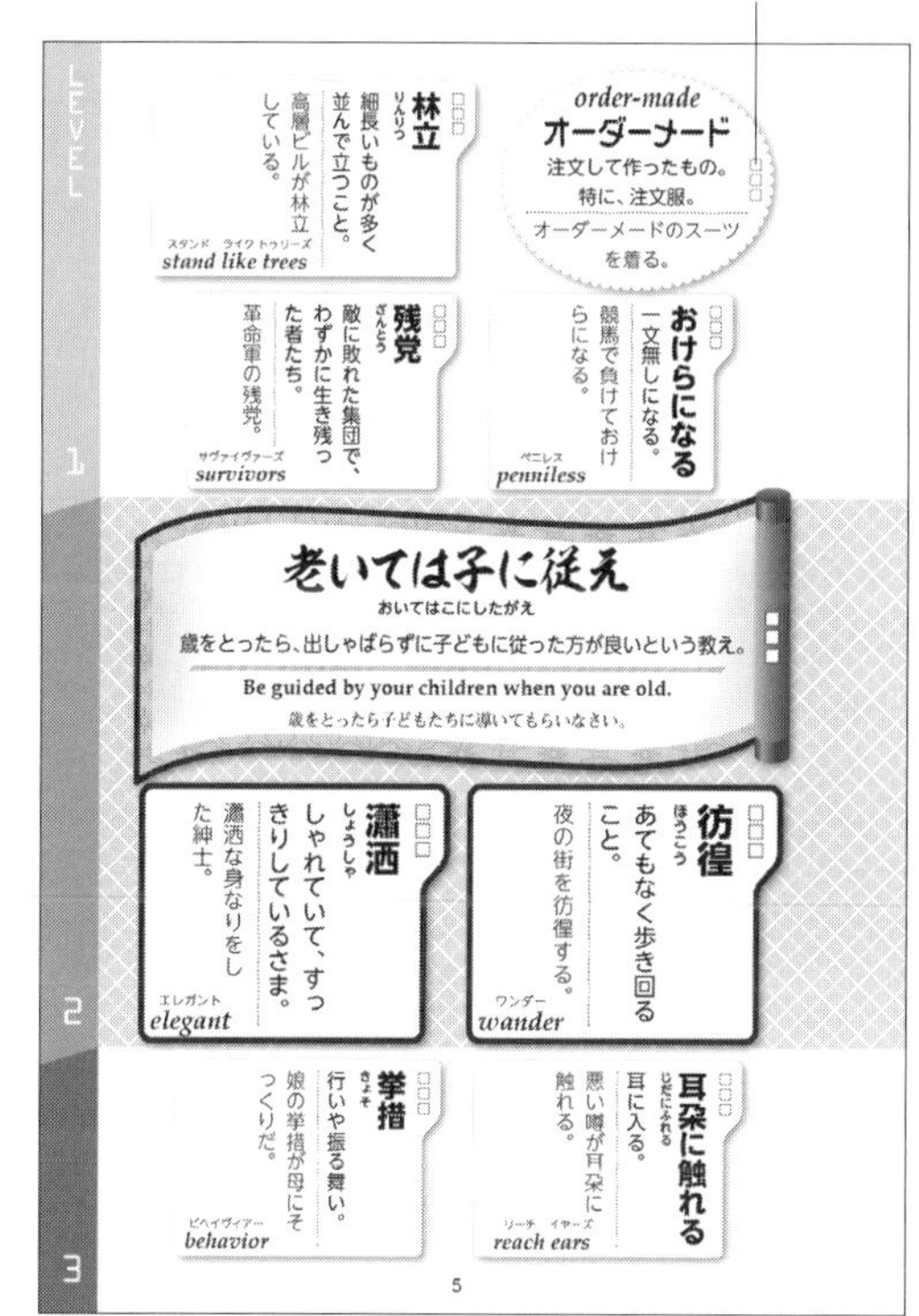

- 各メディアや一般書籍の他に、高校・大学受験の現代国語などを抽出対象とした難語が収録されています。

- 語句は、出現頻度と重要度によって、3つのレベルに分けています。自分に合ったレベルを選択し、それを中心として学習を進める方法をお勧めします。

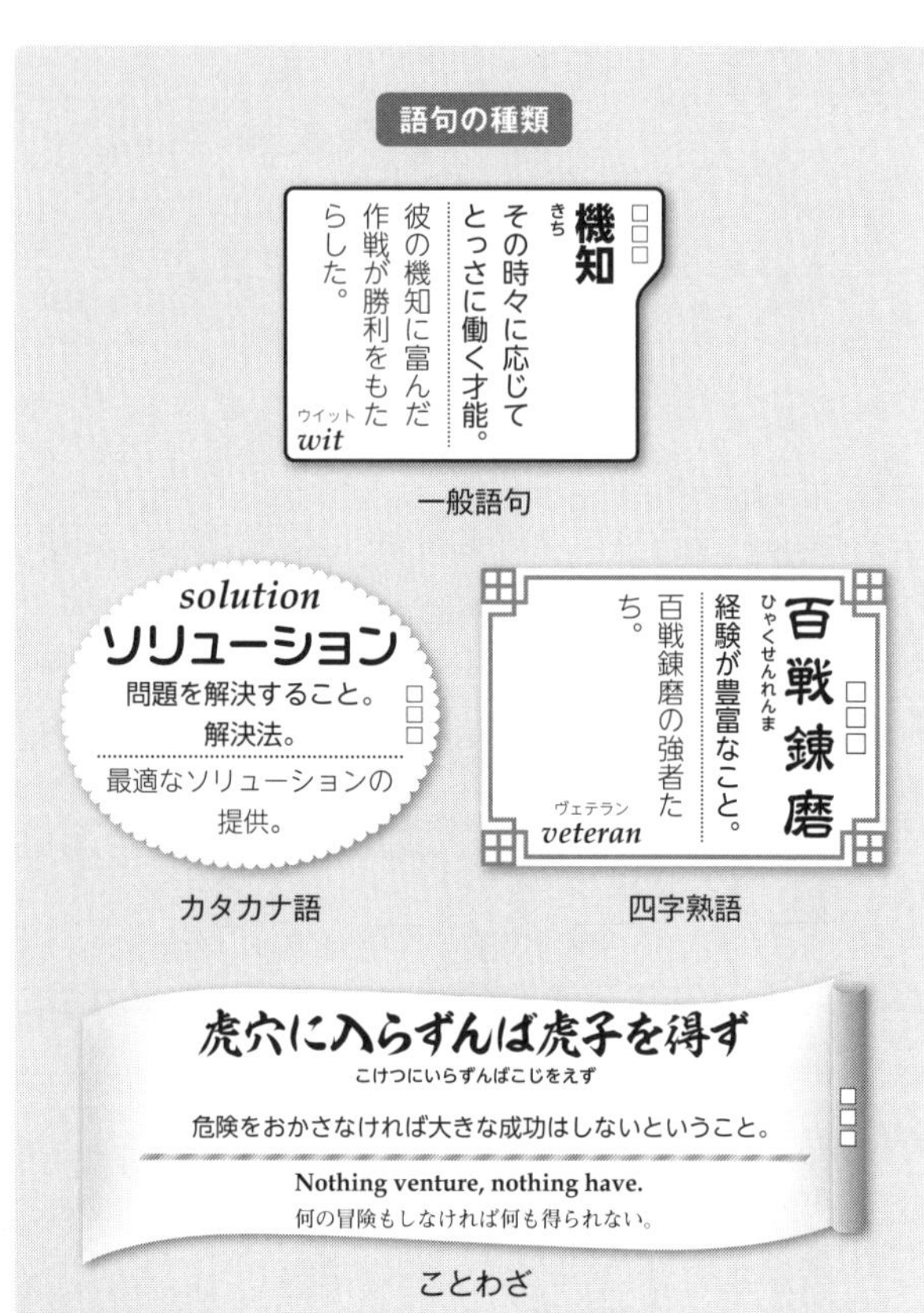

語句の種類
□□□
機知
きち
その時々に応じてとっさに働く才能。
彼の機知に富んだ作戦が勝利をもたらした。
ウイット
wit
一般語句
solution
ソリューション
□□□
問題を解決すること。解決法。
最適なソリューションの提供。
カタカナ語
□□□
百戦錬磨
ひゃくせんれんま
経験が豊富なこと。
百戦錬磨の強者たち。
ヴェテラン
veteran
四字熟語
虎穴に入らずんば虎子を得ず
こけつにいらずんばこじをえず
□□□
危険をおかさなければ大きな成功はしないということ。
Nothing venture, nothing have.
何の冒険もしなければ何も得られない。
ことわざ

英語について

文脈によって変化する可能性がある冠詞（a,the）や be 動詞、所有代名詞（one's）等は基本的に省略されています。

[例] 暗転 a change for the worse → change for worse

order-made

オーダーメード

□□□

注文して作ったもの。特に、注文服。

オーダーメードのスーツを着る。

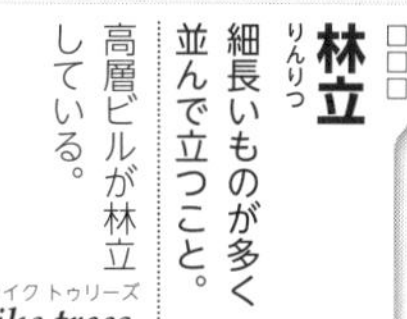

□□□

林立（りんりつ）

細長いものが多く並んで立つこと。

高層ビルが林立している。

stand like trees（スタンド ライク トゥリーズ）

□□□

おけらになる

一文無しになる。

競馬で負けておけらになる。

penniless（ペニレス）

□□□

残党（ざんとう）

敵に敗れた集団で、わずかに生き残った者たち。

革命軍の残党。

survivors（サヴァイヴァーズ）

老いては子に従え

おいてはこにしたがえ

□□□

歳をとったら、出しゃばらずに子どもに従った方が良いという教え。

Be guided by your children when you are old.

歳をとったら子どもたちに導いてもらいなさい。

□□□

彷徨（ほうこう）

あてもなく歩き回ること。

夜の街を彷徨する。

wander（ワンダー）

□□□

瀟洒（しょうしゃ）

しゃれていて、すっきりしているさま。

瀟洒な身なりをした紳士。

elegant（エレガント）

□□□

耳朶に触れる（じだにふれる）

耳に入る。

悪い噂が耳朶に触れる。

reach ears（リーチ イヤーズ）

□□□

挙措（きょそ）

行いや振る舞い。

娘の挙措が母にそっくりだ。

behavior（ビヘイヴィアー）

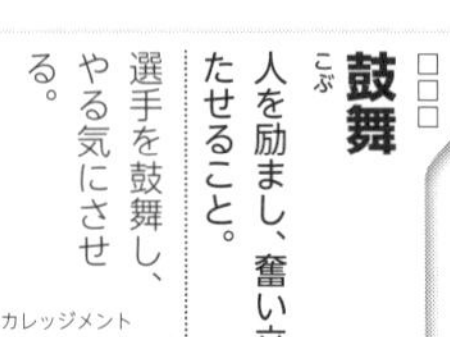

細大もらさず

さいだいもらさず

細かいことまで全て。

先生の話を細大もらさず書きとめる。

イン マイニュート デーテール
in minute detail

労を厭わぬ

ろうをいとわぬ

苦労を惜しまないさま。

労を厭わず、ボランティア活動に励む。

スペア ノー エフォーツ
spare no efforts

耐性

たいせい

環境の変化に対して生物が適応する能力。

ウィルスに対する耐性。

トレランス
tolerance

ガイドライン

guideline

政策などの方針。

新たなガイドラインをまとめる。

草案

そうあん

下書きの文章。

草案をじっくり練る。

ドラフト
draft

十把一絡げ

じっぱひとからげ

多くのものを区別しないでひとまとめに扱うこと。

何もかも十把一絡げにして片付ける。

ランプ トゥギャザー
lump together

喫緊

きっきん

緊急で重要なこと。

喫緊の問題から手をつける。

アージェント
urgent

不得要領

ふとくようりょう

要領を得ないこと。

不得要領な説明。

ヴェイグ
vague

rare
レア
まれなこと。
レアなケースとして取り上げる。

追悼（ついとう）
死者の生前をしのんで、悲しみにひたること。
追悼の意をこめる。
mourning（モーニング）

背信（はいしん）
人の信頼を裏切ること。
仲間への許しがたい背信行為。
betrayal（ビトレイアル）

重用（ちょうよう）
人を重く扱うこと。
若手の選手を重用する。
give responsible post（ギヴ リスポンスィブル ポスト）

徒手空拳（としゅくうけん）
手に何も持っておらず、素手であること。
徒手空拳で敵地に乗り込む。
bare hands（ベア ハンズ）

意に染まぬ（いにそまぬ）
気が進まない。
意に染まぬ条件を提示される。
reluctant（リラクタント）

静謐（せいひつ）
静かで落ち着いていること。
静謐な時間を共に過ごす。
tranquility（トランキリティー）

兼備（けんび）
兼ね備えていること。
才能と美を兼備する。
have at same time（ハヴ アット セーム タイム）

大事の前の小事
だいじのまえのしょうじ

大きな事を達成しようとする時は、小さな事を軽く見てはならない。

Lose a fly to catch a trout.
鱒を釣るには毛ばりを失う覚悟が必要だ。

LEVEL 1 2 3

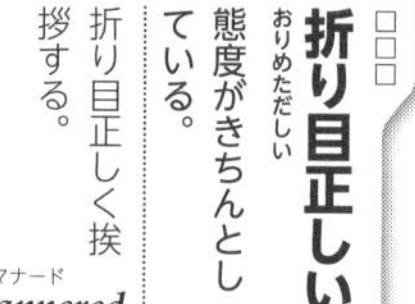

□□□ **折り目正しい**（おりめただしい）

態度がきちんとしている。

折り目正しく挨拶する。

well-mannered（ウェルマナード）

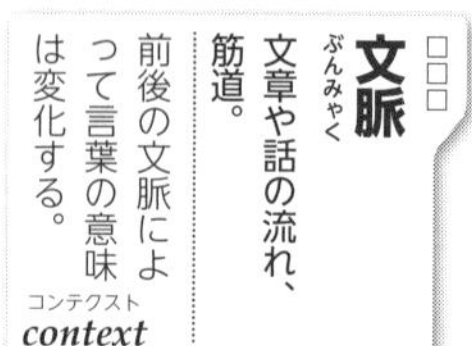

□□□ **文脈**（ぶんみゃく）

文章や話の流れ、筋道。

前後の文脈によって言葉の意味は変化する。

context（コンテクスト）

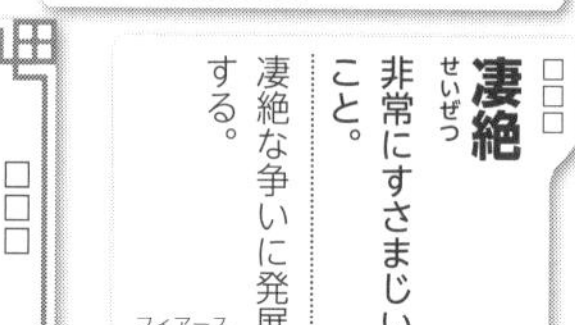

□□□ **凄絶**（せいぜつ）

非常にすさまじいこと。

凄絶な争いに発展する。

fierce（フィアース）

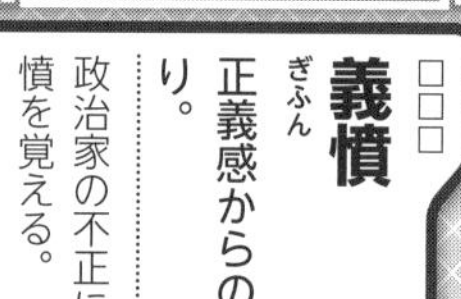

□□□ **百戦錬磨**（ひゃくせんれんま）

経験が豊富なこと。

百戦錬磨の強者たち。

veteran（ヴェテラン）

□□□ ***marketing*** **マーケティング**

企業が行う市場活動。

大学でマーケティング理論を学ぶ。

□□□ **義憤**（ぎふん）

正義感からの怒り。

政治家の不正に義憤を覚える。

righteous indignation（ライチャス インディグネーション）

□□□ **情実**（じょうじつ）

個人的なことがからんで公平にできない関係や状態。

情実にとらわれずに判断する。

personal considerations（パーソナル コンスィダレーションズ）

□□□ **売掛**（うりかけ）

代金は後で受け取る約束で、商品を売ること。

売掛金がかさんでくる。

accounts receivable（アカウンツ レシーヴァブル）

□□□ **目もあやな**（めもあやな）

まばゆくて目も開けていられないほどに美しい。

目もあやなひまわりの花。

brilliant（ブリリアント）

□□□ **資する**（しする）

役に立つ。

企業の成長に資する。

contribute（コントリビュート）

LEVEL 1

□□□
誘致
ゆうち
招き寄せること。
地方都市に大学を誘致する。
アトラクション
attraction

□□□
食傷
しょくしょう
同じことに飽き飽きして嫌になること。
変化のない展開に食傷気味だ。
フェッド アップ
fed up

□□□
憤怒
ふんぬ
大いに怒ること。
ひどい待遇に憤怒する。
フューリー
fury

provider
プロバイダー
□□□
インターネットへの接続サービスを提供する業者。
インターネットのプロバイダー。

2

□□□
不可分
ふかぶん
分けられないこと。
不可分な関係にある二者。
インディヴィズィビリティー
indivisibility

□□□
出典
しゅってん
故事成語、引用文、また引用された語句などの出所である書物。
情報の出典を明らかにする。
オーソリティー
authority

□□□
味噌をつける
みそをつける
失敗して評判を落とす。
肝心なところで失敗し、味噌をつける。
メーク メス
make mess

□□□
不条理
ふじょうり
筋道が立たないこと。
不条理な要求に悩む。
アブザード
absurd

3

□□□
春風駘蕩
しゅんぷうたいとう
春風がのどかに吹くさま。人柄の温和なさま。
春風駘蕩たる四月の午後。
ジニアル スプリング ウェザー
genial spring weather

□□□
鞘当て
さやあて
意地をかけて争うこと。
恋の鞘当て。
ライヴァルリー
rivalry

□□□
湮滅（いんめつ）
消えること。消すこと。

証拠を湮滅することは罪だ。

destruction of evidence（ディストラクション オブ エヴィデンス）

□□□
溜飲が下がる（りゅういんがさがる）
不満に思っていたことがなくなり、すっきりすること。

独裁者の失脚により、長年に渡る国民の溜飲が下がった。

feel sweepingly fine（フィール スウィーピングリー ファイン）

□□□
不興を買う（ふきょうをかう）
相手の機嫌を損ねること。

上司の不興を買う。

displease（ディスプリーズ）

□□□
帰結（きけつ）
ある結論・結果に落ち着くこと。

結局は、いつもの方針に帰結する。

conclusion（コンクルージョン）

□□□
donner
ドナー
臓器・骨髄移植の提供者。

ドナーになることを決意する。

□□□
苛烈（かれつ）
厳しく激しいこと。

苛烈な競争が展開されている。

severe（スィヴィア）

□□□
折も折（おりもおり）
ちょうどその時。

帰宅した折も折、来客があった。

just when（ジャスト ホウェン）

□□□
諸刃の剣（もろはのつるぎ）
一方では役に立つが、逆に害を与える危険もあるもの。

この薬での治療は諸刃の剣となるだろう。

double-edged sword（ダブルエッジド ソード）

□□□
枢軸（すうじく）
物事の重要な部分。

我が国の枢軸産業。

center（センター）

□□□
木鐸（ぼくたく）
世の人を教え導く者。

社会の木鐸たれ。

leader（リーダー）

LEVEL 1

□□□
心血を注ぐ
しんけつをそそぐ
力の限りを尽くして行う。
心血を注いで完成させた作品。
ディヴォート トゥ
devote to

□□□
汲々とする
きゅうきゅうとする
あくせくしてゆとりがない。
毎日毎日汲々として働く。
インテント
intent

□□□
乙に澄ます
おつにすます
気取る。
彼女は、いつも乙に澄ましている。
アクト アフェクティッドリー
act affectedly

LEVEL 2

□□□
色香
いろか
色と香り。女性のあでやかな顔と姿。
美人の色香に惑う。
カラー アンド フレグランス
color and fragrance

□□□
喧々囂々
けんけんごうごう
大勢の人がやかましく騒ぎたてるさま。
喧々囂々と交わされる議論。
クラモラス
clamorous

□□□
客体
きゃくたい
行いなどの対象となるもの。
ここでは「主体」が私で「客体」が景色です。
オブジェクト
object

□□□
暇乞い
いとまごい
暇をくれるように願い出ること。
静養が必要なので上司に暇乞いをする。
リーヴ テーキング
leave-taking

LEVEL 3

□□□
solution
ソリューション
問題を解決すること。解決法。
最適なソリューションの提供。

□□□
愁眉を開く
しゅうびをひらく
心配がなくなって、ほっとした顔つきになる。
無事を知って愁眉を開く。
フィール リリーヴド
feel relieved

□□□
一言半句
いちごんはんく

ほんの少しの言葉。

一言半句に注意を払おう。

ア　ワード
a word

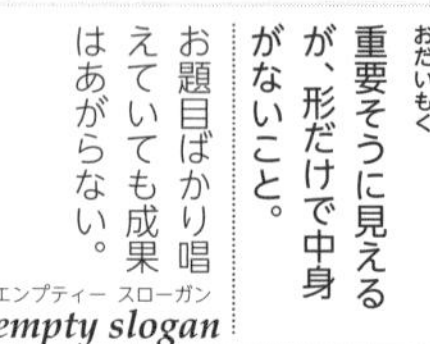

□□□
お題目
おだいもく

重要そうに見えるが、形だけで中身がないこと。

お題目ばかり唱えていても成果はあがらない。

エンプティー スローガン
empty slogan

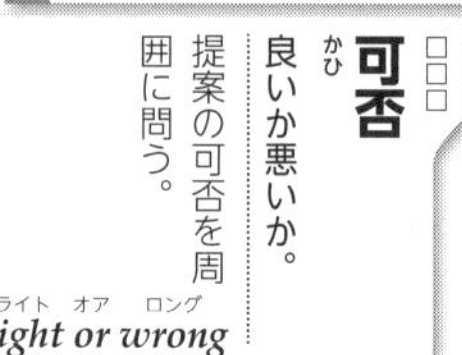

□□□
可否
かひ

良いか悪いか。

提案の可否を周囲に問う。

ライト　オア　ロング
right or wrong

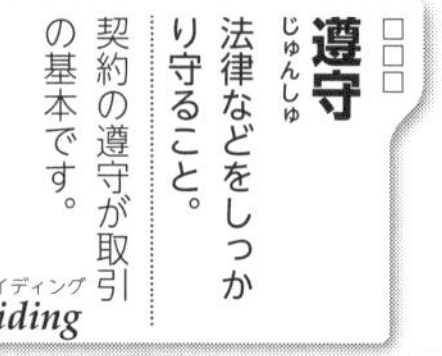

□□□
遵守
じゅんしゅ

法律などをしっかり守ること。

契約の遵守が取引の基本です。

アバイディング
abiding

□□□
老骨に鞭打つ
ろうこつにむちうつ

年をとって衰えた身を励まし、頑張る。

老骨に鞭打って雪かきをする。

キープ オールド ボディー ゴーイング
keep old body going

outline
アウトライン

□□□

輪郭。あらまし。

出来事のアウトラインを話す。

□□□
凡例
はんれい

書物のはじめに、使い方などを箇条書きにまとめて記した部分。

まずは、ざっと凡例を読む。

エクスプラナトリー　ノーツ
explanatory notes

□□□
流転
るてん

移り変わってやむことがないこと。

この世は万物流転である。

ヴィスィスィチューズ
vicissitudes

□□□
相身互い
あいみたがい

同じ境遇にある者同士が同情し、助け合うこと。

困った時は相身互いだ。

ミューチュアル エイド
mutual aid

□□□
しどけない

身なりなどがきちんとせずだらしない。

しどけない寝起きの格好。

スラヴンリー
slovenly

LEVEL 1

□□□
対峙（たいじ）
対立する者同士が、じっと向かい合うこと。
国境を挟んで両国の軍隊が対峙する。
コンフロンテーション
confrontation

□□□
自重（じちょう）
自身の言動を慎むこと。
各自の自重を促す。
サーカムスペクション
circumspection

□□□
悪銭身につかず
あくせんみにつかず
悪い方法で手に入れたお金は、残らないものだ。

Easy come, easy go.
簡単に手に入ったものは、簡単に出ていく。

2

□□□
寂寥（せきりょう）
心が満ち足りず、もの寂しいこと。
寂寥感が漂う家。
ロンリネス
loneliness

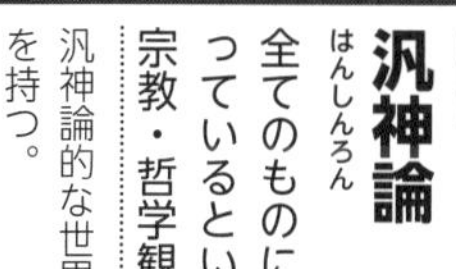

□□□
汎神論（はんしんろん）
全てのものに神が宿っているという宗教・哲学観。
汎神論的な世界観を持つ。
パンセイズム
pantheism

□□□
酷薄非道（こくはくひどう）
残酷で薄情なこと。
酷薄非道なギャング団。
クルエリー　アウトレージャス
cruelly outrageous

□□□
浮世離れ（うきよばなれ）
俗世間のことに無関心なこと。
どこか浮世離れした人物。
アザー　ワールドリー
other-worldly

3

□□□
指弾（しだん）
非難して退けること。
周囲から指弾される。
リジェクション
rejection

□□□
香具師（やし）
縁日など人の集まる所に露店を出し、興行や物売りをする人。
香具師が組織化される。
ストールキーパー
stall-keeper

度量（どりょう）

人の言葉などを受け入れる心の広さ。

度量が大きい人物。

broadmindedness（ブロードマインディッドネス）

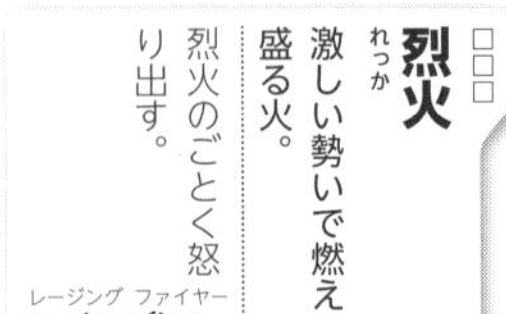

烈火（れっか）

激しい勢いで燃え盛る火。

烈火のごとく怒り出す。

raging fire（レージング ファイヤー）

事なかれ主義（ことなかれしゅぎ）

何の問題も起きないようにしようという主義。

彼は事なかれ主義なので、何事に対しても消極的だ。

no-risk attitude（ノーリスク アティチュード）

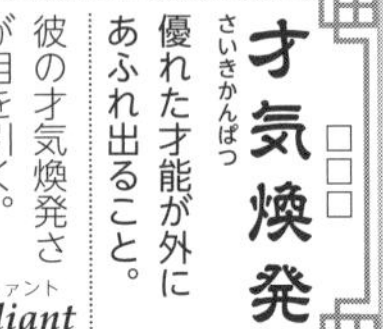

才気煥発（さいきかんぱつ）

優れた才能が外にあふれ出ること。

彼の才気煥発さが目を引く。

brilliant（ブリリァント）

margin

マージン

手数料。

高額なマージンを取る。

頓死（とんし）

急にあっけなく死ぬこと。

旅先で頓死する。

sudden death（サドゥン デス）

珠玉（しゅぎょく）

真珠と宝石。美しく尊いもの。

珠玉の短編小説集。

jewel（ジュエル）

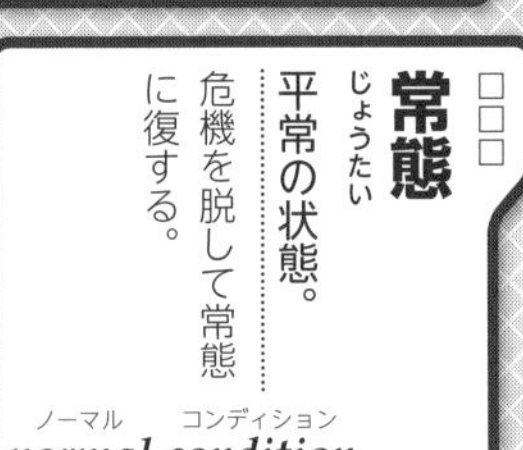

常態（じょうたい）

平常の状態。

危機を脱して常態に復する。

normal condition（ノーマル コンディション）

形而下（けいじか）

形を備えたもの。物質的なもの。

形而下的世界。

physical things（フィズィカル スィングス）

stereotype

ステレオタイプ

行動や考え方が型にはまっていること。

ステレオタイプの発言内容。

LEVEL 1

□□□
爪に火をともす（つめにひをともす）
苦労して倹約すること。
爪に火をともすような生活を送る。
extremely thrifty（エクストリームリー スリフティー）

□□□
機知（きち）
その時々に応じてとっさに働く才能。
彼の機知に富んだ作戦が勝利をもたらした。
wit（ウイット）

□□□
発露（はつろ）
思っていることが外にあらわれること。
激しい闘争本能の発露。
revelation（レヴェレーション）

□□□
放蕩（ほうとう）
思うままに振る舞うこと。遊びほうけること。
放蕩したあげく財産を失う。
debauchery（ディボーチェリー）

2

□□□
事欠く（ことかく）
不足する。
忙しくて、睡眠にも事欠く。
lack（ラック）

□□□
天衣無縫（てんいむほう）
自然で美しいこと。無邪気なこと。
天衣無縫が売りのタレント。
innocent（イノセント）

□□□
訓話（くんわ）
教えさとすための話。
和尚さんによる訓話。
exemplum（エグゼンプラム）

□□□
霊験（れいげん）
神仏などが示す不思議な力の現れ。
霊験あらたかなパワースポット。
miraculous efficacy（ミラキュラス エフィカスィー）

3

□□□
至言（しげん）
いかにも正しいことを言い当てた言葉。
至言に満ちた格言集。
wise saying（ワイズ セイング）

□□□
顰に倣う（ひそみにならう）
他人にならって物事をすることを謙遜していう言葉。
先祖の顰に倣う。
follow blindly（フォロー ブラインドリー）

沽券にかかわる（こけんにかかわる）

世間体が傷つく。

人の沽券にかかわるような噂をたてるのは、やめなさい。

beneath dignity（ビニース　ディグニティー）

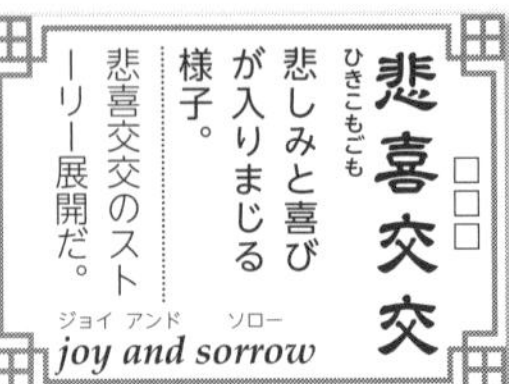

恒久（こうきゅう）

いつまでもその状態が続くさま。

恒久の平和を願う。

eternity（エターニティー）

具現（ぐげん）

具体的な形に現すこと。

かねてからの願望を具現する。

realization（リアライゼーション）

隠語（いんご）

特定の社会・集団内でだけ通用する特殊な語。

隠語を使って伝達する。

jargon（ジャーゴン）

加味（かみ）

他の要素をつけ加えること。

彼の提案を加味して企画書をまとめる。

add（アッド）

覇気（はき）

物事に積極的に取り組もうとする意気込み。

今一つ覇気が伝わってこない。

spirit（スピリット）

ヒエラルキー（*hierarchy*）

ピラミッド型の身分の構造。

組織のヒエラルキーの底辺。

絶え入る（たえいる）

息が絶えて死ぬ。

絶え入るような声でつぶやく。

expire（エクスパイア）

思いを致す（おもいをいたす）

そのことに考えを及ぼす。

皆の支援に改めて思いを致す。

think of（スィンク　オブ）

LEVEL

枯れ木も山のにぎわい

かれきもやまのにぎわい

つまらぬものでもないよりはましということ。

Half a loaf is better than no bread.

パン半分でもないよりはまし。

醍醐味

だいごみ

物事の本当のおもしろさ、深い味わい。

物語の醍醐味を味わう。

リアル スリル
real thrill

諮問

しもん

機関や知識ある人に意見を求めること。

政府の諮問機関。

コンサルテーション
consultation

1

韋駄天

いだてん

足の速い人。

韋駄天と呼ばれた盗塁王。

スイフト ランナー
swift runner

性悪説

せいあくせつ

人間の本性は悪であるとする考え方。

「性悪説」にのっとった考え方。

ドクトリン オブ バッド ヒューマン ネーチャー
doctrine of bad human nature

範を垂れる

はんをたれる

みずから手本を示す。

部下の前に範を垂れる。

ギヴ エクザンプル
give example

属性

ぞくせい

ある事物に属する性質・特徴。

熱に強いのがこの素材の属性である。

アトリビュート
attribute

2

流れに棹さす

ながれにさおさす

物事が思い通りに進むこと。

流れに棹さすように幸運が重なる。

スウィム ウィズ タイド
swim with tide

conservative コンサバティブ

保守的なさま。

コンサバティブな考え方。

3

□□□
畝（うね）
畑の土をまっすぐ細長く盛り上げた所。
畝を立てる。
ridge（リッジ）

□□□
Oriental
オリエンタル
東洋的。
オリエンタル調の内装。

□□□
つましい
生活ぶりなどがぜいたくでない。
つましい暮らしをする。
frugal（フルーガル）

□□□
所見（しょけん）
見た結果。考え。意見。
医師の所見では、風邪だということです。
view（ヴュー）

□□□
鈍（なまくら）
力が弱いこと。意気地がないこと。
そんな鈍なことでは太刀打ちできないぞ。
blunt（ブラント）

□□□
転載（てんさい）
記事などを他に載せる。
無断でネット上の記事を転載する。
reprinting（リプリンティング）

□□□
続柄（つづきがら）
親族としての関係。
両親との続柄を記入する。
relationship（リレーションシップ）

□□□
傲岸不遜（ごうがんふそん）
人を見下げた偉そうな様子。
傲岸不遜な態度の男。
arrogance（アロガンス）

□□□
懶惰（らんだ）
めんどうくさがり、怠けること。
懶惰な生活から抜け出せない。
indolence（インドレンス）

めんどくさーーい

LEVEL 1 2 3

□□□
処遇
しょぐう
地位につりあう待遇をすること。
担当者の処遇を検討する。
トリートメント
treatment

□□□
小舅／小姑
こじゅうと
夫や妻の兄弟姉妹。
小姑の嫌がらせに耐える。
ブラザー　スィスター　イン　ロー
brother (sister) -in-law

□□□
毒牙
どくが
毒液を出す牙。悪どい手段。
凶悪犯の毒牙にかかる。
ファング
fang

□□□
つまびらか
詳しい様子。
事故の原因がつまびらかになる。
ディテール
detail

□□□
得心
とくしん
心から承知する。納得。
得心するまで説明を求める。
コンヴィンスト
convinced

□□□
役得
やくとく
その役目についていることで得られる、特別な利益。
この仕事は役得が多い。
サイド　ベネフィット
side benefit

□□□
据え膳食わぬは男の恥
すえぜんくわぬはおとこのはじ

女性から言い寄ってくるのを受け入れないのは、男の恥だということ。

It is time to set in when the oven comes to the dough.

かまどの方がパン生地の所へやってきたらパン生地をかまどに入れてやる時だ。

□□□
客気
かっき
早くしなければ、という気持ち。
じらされて客気にかられる。
イーガーネス
eagerness

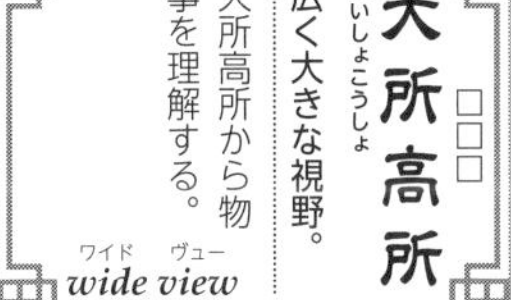

□□□
大所高所
たいしょこうしょ
広く大きな視野。
大所高所から物事を理解する。
ワイド　ヴュー
wide view

女心と秋の空

おんなごころとあきのそら

□□□

女性の気持ちは移りやすいということ。

A woman's mind and winter wind change oft.

女性の気持ちと冬の風はしょっちゅう変わる。

□□□
超然
ちょうぜん

物事にこだわらず、平然としているさま。

周囲の騒ぎに超然としている。

ロフティネス
loftiness

□□□
試金石
しきんせき

人や物の値打ちを知るための材料となる物事。

彼のあの一打が、名選手への試金石となった。

タッチストーン
touchstone

□□□
ダイジェスト
digest

本などの内容を、わかりやすく短くまとめること。

テレビシリーズのダイジェスト版。

□□□
根を詰める
こんをつめる

一つの物事を、精神を集中させて続けて行う。

根を詰めて作業をする。

パーセヴィアー
persevere

□□□
瞥見
べっけん

ちらっと見ること。

履歴書を瞥見する。

グランス
glance

□□□
垂涎の的
すいぜんのまと

何が何でも手に入れたいと思うほど貴重なもの。

あの骨董品は垂涎の的だ。

オブジェクト オブ エンヴィー
object of envy

□□□
高踏
こうとう

俗な気持ちを捨てて、高尚さを保つこと。

高踏的な芸術集団。

ハイブラウ
highbrow

□□□
論を俟たない
ろんをまたない

当然である。

この内容に間違いないことは論を俟たない。

ニードレス トゥ セイ
needless to say

LEVEL 1

□□□
邂逅（かいこう）
思いがけなく出会うこと。
久しぶりに古い親友と邂逅する。
encounter（エンカウンター）

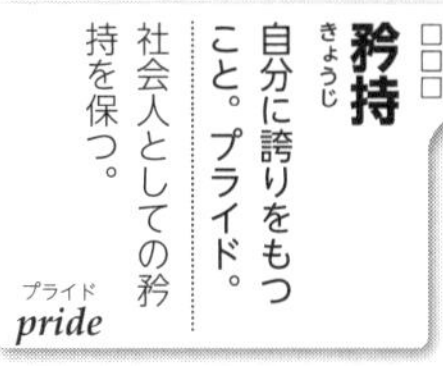
□□□
矜持（きょうじ）
自分に誇りをもつこと。プライド。
社会人としての矜持を保つ。
pride（プライド）

contrast
コントラスト
□□□
対比。
鮮やかなコントラストをなす。

□□□
濡れそぼつ（ぬれそぼつ）
濡れてびしょびしょになる。
にわか雨に濡れそぼちながら歩く。
dripping wet（ドリッピング ウェット）

2

□□□
繰り言（くりごと）
同じ事を繰り返して言うこと。
しつこい繰り言を聞かされる。
repetition（レピティション）

□□□
証左（しょうさ）
証拠。
理論の証左を示す。
evidence（エヴィデンス）

□□□
面相（めんそう）
顔つき。
百面相を持った怪人。
features（フィーチャーズ）

□□□
四方山話（よもやまばなし）
色々な話題。
四方山話で時間を費やす。
various topics（ヴァリアス トピックス）

3

□□□
いとどしく
はなはだしく。
いとどしく奏でられる虫の音。
exceedingly（エクスィーディングリー）

pathos
ペーソス
□□□
もの悲しい情緒。哀愁。
ペーソスの漂う短編小説。

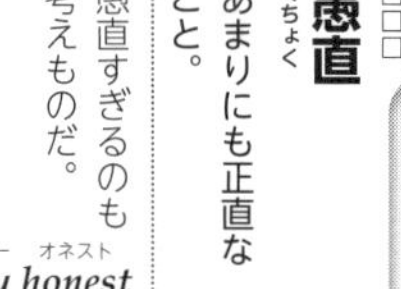

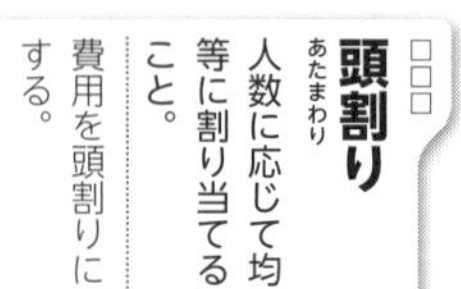

□□□

享年

きょうねん

死んだ時の年齢。

享年七十六歳。

エージ アット　デス

age at death

□□□

忸怩

じくじ

自分で自分の行動などを心の中で恥ずかしく思うこと。

内心、忸怩たるものがある。

アシェームド

ashamed

□□□

自失

じしつ

ぼんやりする。気が抜ける。

信じがたい展開に自失する。

スチュープファクション

stupefaction

□□□

伯楽

はくらく

人の能力を引き出し育てるのが上手な人。

野球界の名伯楽と呼ばれたコーチ。

グレート　セイチャム

great sachem

木に竹をつぐ

きにたけをつぐ

□□□

物事のつながりが不自然な様子。

To mix water with fire.

水と火を一つにする。

□□□

生者必滅

しょうじゃひつめつ

生命あるものは必ず死ぬ時が来るということ。

生者必滅は世の習いだ。

オール　リヴィング　スィングス　マスト　ダイ

All living things must die.

□□□

周旋

しゅうせん

売買や交渉などで、間に立って世話をすること。

条件の良い話を周旋する。

メディエーション

mediation

LEVEL 1

因子（いんし）

物事を成り立たせる要素。

危険因子を排除する。

cause（コーズ）

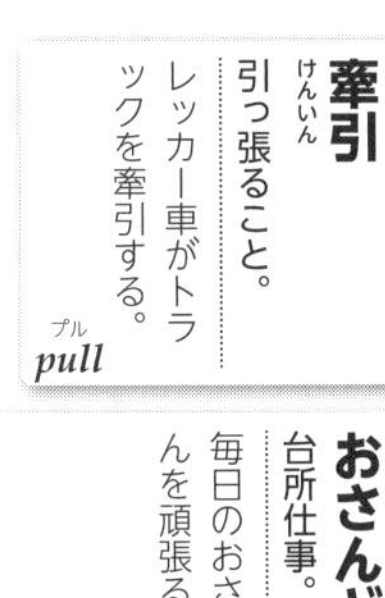

牽引（けんいん）

引っ張ること。

レッカー車がトラックを牽引する。

pull（プル）

リアルタイム

real-time

同時。

歴史的な大事件をリアルタイムで体験する。

おさんどん

台所仕事。

毎日のおさんどんを頑張る。

kitchen chore（キッチン チョア）

LEVEL 2

判官贔屓（ほうがんびいき）

弱い者を応援すること。

判官贔屓で最下位チームを応援する。

side with the underdog（サイド ウィズ ズィ アンダードッグ）

瞠目（どうもく）

目をみはること。

瞠目すべき光景。

gaze（ゲイズ）

邪気（じゃき）

悪意。

邪気のない笑顔。

maliciousness（マリシャスネス）

故郷へ錦を飾る（こきょうへにしきをかざる）

故郷を離れていた者が、立身出世して華やかに帰郷することのたとえ。

出世して故郷へ錦を飾る。

come home in triumph（カム ホーム イン トライアンフ）

LEVEL 3

払底（ふってい）

すっかりなくなること。

戦力が払底している。

dearth（ダース）

無策の策（むさくのさく）

どのような決断もせず、時の流れに任せる。

無策の策を決め込んだ。

ambiguity（アンビギュイティー）

□□□
偏狭（へんきょう）
自分だけの狭い考えにとらわれること。
偏狭な老人。
narrow-mindedness（ナローマインディッドネス）

□□□
奇特（きとく）
心がけなどが優れていて、褒めるに値するさま。
世の中には奇特な人もいるものだ。
praiseworthy（プレイズワーズィー）

□□□
暫定（ざんてい）
一時的に決めること。
暫定的な措置を講ずる。
temporary（テンポラリー）

□□□
切磋琢磨（せっさたくま）
お互いに励まし合い、競い合いながら成長していくこと。
二人で切磋琢磨して、現在の地位に至っている。
learn hard together（ラーン ハード トゥギャザー）

□□□
一席ぶつ（いっせきぶつ）
大勢の聞き手に向かって演説をしたりすること。
経済政策について一席ぶつ。
make speech（メーク スピーチ）

□□□
食い扶持（くいぶち）
食糧にあてる金銭。
自分の食い扶持ぐらい、自分で稼ぎます。
cost of food（コスト オブ フード）

□□□
思念（しねん）
思い考えること。
今後の対策を思念する。
thought（ソート）

□□□
無病息災（むびょうそくさい）
病気をしないで健康であること。
今年も皆、無病息災であることを願う。
sound health（サウンド ヘルス）

□□□
眼中人なし（がんちゅうひとなし）
他人を無視して思うままに振る舞うさま。
まるで眼中人なしな態度。
completely ignore others（コンプリートリー イグノア アザーズ）

□□□
偏向（へんこう）
考え方がかたよっていること。
偏向した思想。
slanted（スランティッド）

LEVEL

覆水盆に返らず

ふくすいぼんにかえらず

一度やってしまったことは取り返しがつかないこと。

It is no use crying over spilt milk.

こぼれたミルクを嘆いても仕方がない。

1

客死

かくし

旅先で死ぬこと。

祖父は、外国で客死した。

デス オン ジャーニー
death on journey

織り成す

おりなす

細かいものが組み合わされて美しい模様になる。

紅葉が織り成す壮大な美。

ウィーヴ
weave

liberal リベラル

伝統や習慣にとらわれないさま。

リベラルな政策を掲げる党。

卑俗

ひぞく

卑しいこと。

卑俗な内容の雑誌。

ヴァルガリティー
vulgarity

2

勇退

ゆうたい

次の人に道を譲るため、自分から退くこと。

長年活躍したベテランが勇退する。

ヴォランタリー リタイアメント
voluntary retirement

憂き身をやつす

うきみをやつす

痩せるほど一つのことに熱中すること。

かなわぬ恋に憂き身をやつす。

アディクティッド
addicted

3

聞き置く

ききおく

自分では意見せず、人の話を聞くだけにしておく。

とりあえずここは聞き置くにとどめる。

ジャスト リッスン
just listen

rhetoric レトリック

修辞法。言葉を工夫して豊かな表現にする方法。

レトリックを駆使した文章。

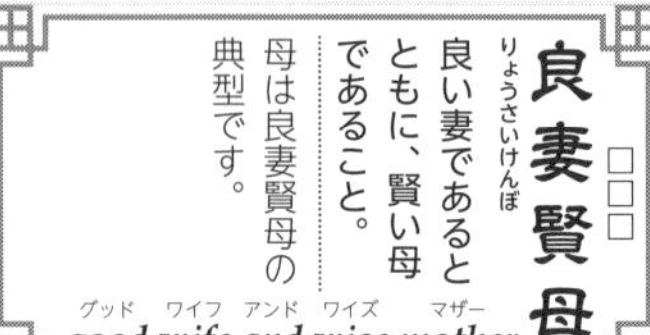

良妻賢母
りょうさいけんぼ

良い妻であるとともに、賢い母であること。

母は良妻賢母の典型です。

グッド ワイフ アンド ワイズ マザー
good wife and wise mother

越権
えっけん

自分の権限をこえて行うこと。

それは明らかな越権行為だ。

アロゲーション
arrogation

憎からず思う
にくからずおもう

好感や親しみを抱くこと。

互いに憎からず思っている二人。

ケア フォー
care for

ぞんざい

いい加減な様子。投げやりな様子。

本をぞんざいに扱ってはいけません。

スロッピネス
sloppiness

因果を含める
いんがをふくめる

事情をよく説明して、説得すること。

納得していない相手に因果を含める。

パースウェード
persuade

懐旧
かいきゅう

昔のことを懐かしく思い出すこと。

懐旧の情に浸る。

リメンブランス
remembrance

壮麗
そうれい

規模が大きくて美しいこと。

壮麗な神殿。

スプレンダー
splendor

customize
カスタマイズ

商品などに手を加え、好みのものに作り変えること。

集計システムをカスタマイズする。

論語読みの論語知らず
ろんごよみのろんごしらず

言葉では理解できても、実行に移せないことのたとえ。

A mere scholar, a mere ass.

ただの学者はただのロバ。

水泡に帰す
すいほうにきす

努力したことが無駄になる。

これまでの努力が水泡に帰してしまった。

ターン イントゥ ナッスィング
turn into nothing

口幅ったい
くちはばったい

立場など考えずに、えらそうなことを言う様子。

実力もないのに口幅ったいことを言うものではない。

スピーク インソレントリー
speak insolently

恭しい
うやうやしい

つつしみ深く、礼儀正しい。

恭しくおじぎした。

リスペクトフル
respectful

踏み絵
ふみえ

ある人の思想・主義などを権力によって調べること。

キリスト教徒を見つけるために行われた踏み絵。

ローヤルティ テスト
loyalty test

三拝九拝
さんぱいきゅうはい

何度も何度も頼むこと。

友人に三拝九拝して同行してもらう。

バウ メニー タイムズ
bow many times

言質
げんち

のちの証拠となる言葉。

交渉相手の言質を取る。

コミッティッド ワード
committed word

一顧だにしない
いっこだにしない

わずかに振り返ってみることもしない。

彼らはこのアイデアを一顧だにしない。

ディスミス
dismiss

心得違い
こころえちがい

思い違い。

とんだ心得違いをしてしまった。

ミスアンダースタンディング
misunderstanding

刮目
かつもく

目をこすってよく見ること。

刮目に値する出来栄え。

ステア
stare

瓢箪ナマズ
ひょうたんなまず

とらえどころのない様子。

彼は瓢箪ナマズで、何を考えているかわからない。

スリッパリー アズ アン イール
slippery as an eel

□□□
荒行（あらぎょう）
僧などが激しい苦しみに耐えて行う修行。
滝の荒行に耐える。
asceticism（アセティスィズム）

collaboration
コラボレーション
共同で行う作業や制作。□□□
異なった業種である二社によるコラボレーション。

□□□
代替（だいたい）
他のもので代えること。
代替の服に着替える。
substitution（サブスティテューション）

□□□
とみに
急に。にわかに。
知名度がとみに高まる。
suddenly（サドゥンリー）

焼けぼっくいに火が付く
やけぼっくいにひがつく
□□□
関係があった者同士は、縁が切れても元の関係に戻りやすいというたとえ。

Wood half-burned is easily kindled.
消え残っている木はすぐに燃える。

□□□
是非に及ばず（ぜひにおよばず）
仕方ない。
その件については是非に及びません。
of necessity（オブ　ネセスィティー）

□□□
官能（かんのう）
耳・鼻・目など感覚器官の働き。
官能に多くの障害がある。
physical functions（フィズィカル　ファンクションズ）

□□□
理非曲直（りひきょくちょく）
正しいことと正しくないこと。
理非曲直を正す。
rights and wrongs（ライツ　アンド　ウロングス）

□□□
倨傲（きょごう）
つけあがること。
倨傲な態度を改める。
arrogance（アロガンス）

LEVEL 1

□□□
付け焼き刃
つけやきば
その場をごまかすために急いでおぼえたこと。
付け焼き刃の勉強では歯が立たない。
スーパフィシャル ノレッジ
superficial knowledge

□□□
寝耳に水
ねみみにみず
突然の出来事に驚くこと。
そんな話は寝耳に水だ。
テークン バイ サープライズ
taken by surprise

□□□
遊説
ゆうぜい
各地を演説して回ること。
政治家が、地方へ遊説の旅に出る。
キャンペイニング
campaigning

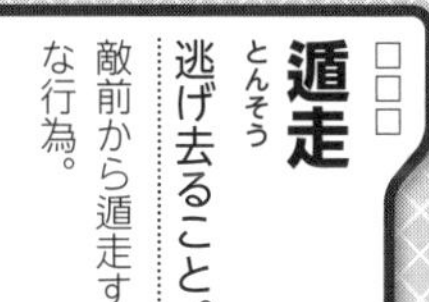

□□□
基幹
きかん
物事の中心となるもの。
この会社の基幹セクション。
コア
core

LEVEL 2

□□□
累が及ぶ
るいがおよぶ
他からの悪い影響が自分の身に及ぶこと。
親族に累が及んでしまう。
ギヴン バッド インフルエンス
given bad influence

□□□
遁走
とんそう
逃げ去ること。
敵前から遁走するような行為。
フリー
flee

□□□
独断専行
どくだんせんこう
勝手な判断と行動。
独断専行して事業を進める。
アクト アービトラリリー
act arbitrarily

□□□
矍鑠
かくしゃく
年をとっても丈夫で元気なさま。
祖父は米寿を迎えなお矍鑠としている。
ヴィガラス オールドエイジ
vigorous old age

LEVEL 3

□□□
懐柔
かいじゅう
手なずけて従わせること。
反対派の懐柔にのりだす。
カジョール
cajole

□□□
自照
じしょう
自分自身をかえりみて、深く観察すること。
この作品は自照文学と言える。
シャイン アポン
shine upon

□□□
feminism
フェミニズム
女性の立場を尊重する考え方。
フェミニズム運動が盛んな時代。

□□□
筆不精（ふでぶしょう）
面倒がって手紙などを書こうとしないこと。
筆不精で年賀状すら書かない。
レイズィー インライティング
lazy in writing

□□□
全幅（ぜんぷく）
ありったけ。
全幅の信頼を寄せる。
アットモスト
utmost

□□□
水掛け論（みずかけろん）
互いに都合のいい理屈を主張し、かみ合わない議論。
水掛け論を繰り返していても、問題の解決にならない。
エンドレス ディスピュート
endless dispute

□□□
遊興（ゆうきょう）
楽しく遊ぶこと。
連日連夜、遊興にふける。
アミューズメント
amusement

□□□
是認（ぜにん）
良いと認めること。
発言が是認される。
アプルーヴァル
approval

□□□
所産（しょさん）
何かの結果として生み出されたもの。
この作品は彼の探究心の所産である。
プロダクション
production

□□□
人跡未踏（じんせきみとう）
これまで誰も行っていない。
人跡未踏の地を行く。
アンエクスプロアード
unexplored

□□□
怯懦（きょうだ）
臆病で気が弱い。
己の怯懦を嘆く。
カワーディス
cowardice

□□□
世故にたける（せこにたける）
世間の事情によく通じている。
世故にたけた人物。
ノウ マッチ オブ ザ ワールド
know much of the world

LEVEL

笛吹けども踊らず

ふえふけどもおどらず

□□□

あれこれと手を尽くしても、それに応えようとする人がいないということ。

We have piped unto you, and ye have not danced.

私たちが笛を吹いたのに、あなたたちは踊ってくれなかった

1

□□□
額面通り
がくめんどおり
見掛けや言葉通り。
人の話を額面通りに受け取る。
アットフェイスヴァリュー
at face value

□□□
狼藉
ろうぜき
乱暴な行いをすること。
やりたい放題の狼藉をはたらく。
ヴァイオレンス
violence

□□□
遮蔽
しゃへい
他から見えないようにすること。
パラソルで日光を遮蔽する。
カヴァー
cover

□□□
概況
がいきょう
大体の様子。
概況をレポートにまとめる。
ジェネラル　コンディション
general condition

□□□
塞翁が馬
さいおうがうま
人生の運不運は予測できないということ。
人間万事塞翁が馬である。
アンプリディクタブルネス　オブ　ヒューマン　デスティニー
unpredictableness of human destiny

2

□□□
不肖
ふしょう
愚かなこと。
不肖の息子。
インケーパブル
incapable

□□□
禁忌
きんき
してはいけないこと。タブー。
平然と禁忌を破る。
タブー
taboo

□□□
災禍
さいか
天災や事故によって受ける災い。思いがけない災難。
予想だにしない災禍に遭う。
アクスィデンツ
accidents

3

□□□

くみしやすい

相手として扱いやすい。

くみしやすい相手。

イーズィー トゥ ハンドル
easy to handle

□□□

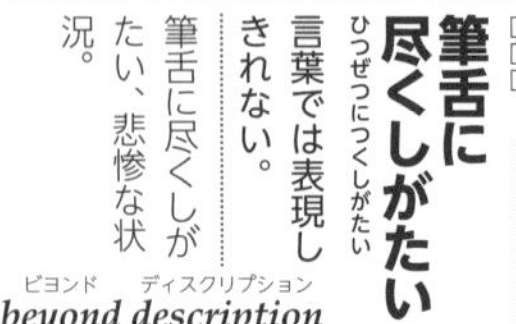

筆舌に尽くしがたい（ひつぜつにつくしがたい）

言葉では表現しきれない。

筆舌に尽くしがたい、悲惨な状況。

ビヨンド ディスクリプション
beyond description

□□□

欺瞞（ぎまん）

だますこと。ごまかすこと。

自己欺瞞とは、自分をあざむくことだ。

ディセプション
deception

□□□

東奔西走（とうほんせいそう）

あちこちかけまわること。

資金集めに東奔西走する。

ハリー トゥ アンド フロー
hurry to and fro

□□□

情動（じょうどう）

急で激しく、一時的な感情。

一時的な情動に突き動かされる。

エモーション
emotion

□□□

転身（てんしん）

職業などを変えること。

格闘家に転身する。

チェンジ ポズィション
change position

□□□

illusion

イリュージョン

まぼろし。錯覚。

奇術師によるイリュージョン。

□□□

放埒（ほうらつ）

勝手気ままに振る舞うこと。

放埒な振る舞いをたしなめられる。

ライセンチャス
licentious

□□□

暖衣飽食（だんいほうしょく）

十分に恵まれた生活であるさま。

暖衣飽食の境遇。

リヴ イン ラグジュリー
live in luxury

□□□
上調子（うわちょうし）
落ち着きがなく、態度などが軽々しいこと。
上調子な態度。
レストレスネス
restlessness

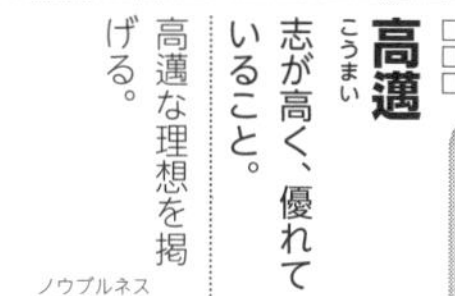

□□□
高邁（こうまい）
志が高く、優れていること。
高邁な理想を掲げる。
ノウブルネス
nobleness

□□□
呼応（こおう）
互いに意思が通じていること。
互いに呼応し合った間柄。
アグリーメント
agreement

tool
ツール
□□□
道具。コンピューターを効率良く利用するためのソフト。
検索ツールを有効活用する。

棒ほど願って針ほど叶う
ぼうほどねがってはりほどかなう
□□□
望みは大きくても、実際はわずかしか叶わないものだということ。
ask much to have a little
多くを要求しても、少ししか得られない。

□□□
贖罪（しょくざい）
犯した罪をつぐなうこと。
ボランティア活動によって贖罪する。
アトーンメント
atonement

□□□
科を作る（しなをつくる）
なまめかしいしぐさをする。
科を作ってしなだれかかる。
プット　コケティッシュ　エアーズ
put coquettish airs

hegemony
ヘゲモニー
□□□
指導的な地位。支配権。
独裁者がヘゲモニーを握る。

□□□
ゆくりなくも
思いがけなく。突然に。
ゆくりなくも旧友に再会する。
アンエクスペクティッドリー
unexpectedly

正念場（しょうねんば）□□□
ここぞという大切な場面。

作業が正念場を迎える。

crucial moment（クルーシャル　モーメント）

オブラート □□□
oblate

粉薬などを包んで飲むための半透明の薄い膜。

露骨な話をオブラートに包む。

凡庸（ぼんよう）□□□
優れた点もなく、平凡なこと。

凡庸な内容の作品。

mediocrity（ミーディオクリティー）

重鎮（じゅうちん）□□□
ある分野における重要人物。

彼は日本映画界の重鎮である。

dignitary（ディグニタリー）

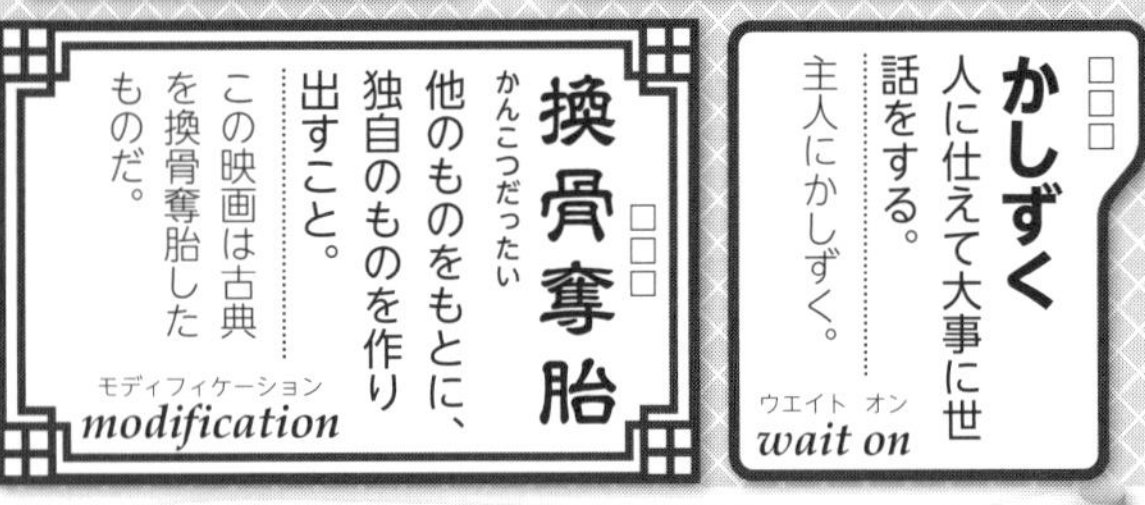

愚の骨頂（ぐのこっちょう）□□□
この上なく愚かなこと。

君の行動は愚の骨頂だ。

sheer folly（シアー　フォリー）

偶発（ぐうはつ）□□□
不意に起こること。

連続して事故が偶発する。

accident（アクスィデント）

かしずく □□□
人に仕えて大事に世話をする。

主人にかしずく。

wait on（ウエイト　オン）

換骨奪胎（かんこつだったい）□□□
他のものをもとに、独自のものを作り出すこと。

この映画は古典を換骨奪胎したものだ。

modification（モディフィケーション）

細工は流々仕上げを御覧じろ
さいくはりゅうりゅうしあげをごろうじろ □□□

十分工夫をこらしてあるから、仕上がりを待ちなさいという意味。

The end crowns the work.

結果が仕事に冠を与える。

LEVEL 1

□□□
蹂躙（じゅうりん）
暴力や強権をもって、他をふみにじること。
人権蹂躙とも言える行為。
トランプル
trample

□□□
隠遁（いんとん）
世を捨てて、隠れ住むこと。
山で隠遁生活を送る。
ハーミテッジ
hermitage

□□□
危急存亡（ききゅうそんぼう）
危険が迫って、生きるか死ぬかという状態。
地球は今、危急存亡の時にある。
クライスィス
crisis

□□□
権化（ごんげ）
性格や考えをかたちにあらわしたもの。
悪の権化。
インカーネーション
incarnation

2

□□□
食い詰める（くいつめる）
借金などのために生活できなくなる。
職を追われ、食い詰めてしまう。
ゴー　ブローク
go broke

□□□
身上（しんしょう）
財産。
遊び惚けて身上をつぶす。
フォーチュン
fortune

□□□
師事（しじ）
師とした人に教えを受けること。
日本画の大家に師事する。
スタディ　アンダー
study under

analyst
アナリスト
□□□
物事を分析し判断する専門家。
金融アナリストによる分析。

3

□□□
遡及（そきゅう）
過去にさかのぼること。
二か月前の費用を遡及して請求する。
レトロアクティヴィティー
retroactivity

□□□
固陋（ころう）
頑固。古いものに執着し、新しいものを認めようとしないこと。
頑迷固陋な姿勢を変えない。
ナロー　マインディッド
narrow-minded

ひと泡吹かせる（ひとあわふかせる）

相手が予想しないことをやって、あわてさせる。

油断している敵にひと泡吹かせる。

startle（スタートル）

点在（てんざい）

あちこちに散らばって存在すること。

湖上に点在するボート。

dotted with（ドッティッド ウィズ）

精妙（せいみょう）

極めて細かく巧みであること。

精妙な構造の機械。

exquisite（エクスクイズィット）

親の欲目（おやのよくめ）

親がわが子を実力以上に評価すること。

親の欲目で子をほめちぎる。

parent's biased eyes（ペアレンツ バイァスト アイズ）

性根（しょうね）

心の持ち方。根性。

性根を据えて作業にとりかかる。

nature（ネーチャー）

overhaul

オーバーホール

機械などを分解して検査・修理すること。

腕時計をオーバーホールする。

すげる

はめ込む。

ロボットの首をすげる。

embed（エンベッド）

付与（ふよ）

さずけ与えること。

有給休暇を付与する。

grant（グラント）

言を構える（げんをかまえる）

つくりごとを言う。

言を構えるばかりで何もしない。

lie（ライ）

恣意的（しいてき）

気ままで自分勝手な様子。

監督の恣意的な判断に振り回される。

arbitrariness（アービトラリネス）

LEVEL 1

キャスト
cast

演劇・映画などの配役。

明らかなミスキャスト。

一義的（いちぎてき）

一つの解釈だけであること。

彼は、物事の判断の仕方が一義的だ。

only one meaning（オンリー ワン ミーニング）

更迭（こうてつ）

ある職についている人を別の人に代えること。

ちょっとした仕事のミスが、彼の更迭の原因となった。

reshuffle（リシャッフル）

盤石（ばんじゃく）

しっかりしていてびくともしないこと。

盤石の態勢で臨む。

firmness（ファームネス）

LEVEL 2

粗製濫造（そせいらんぞう）

粗悪な品をむやみにつくること。

粗製濫造と非難される。

mass production of inferior goods（マス プロダクション オブ インフェリアー グッズ）

成否（せいひ）

成功するかしないか。

結果の成否は問いません。

success or failure（サクセス オア フェイリャー）

現前（げんぜん）

目の前にあること。目の前に現れること。

かつてない世界が現前しつつある。

appear（アピアー）

御利益（ごりやく）

神仏が人間に与えるお恵み・幸運。

観音様の御利益。

grace of God（グレース オブ ゴッド）

LEVEL 3

名代（みょうだい）

目上の人の代理を務める。

部長の名代として出席する。

representation（レプレゼンテーション）

俗説（ぞくせつ）

確かな根拠もなく、言い伝えられている話。

そんなものは信ずるに足らぬ俗説だ。

popular view（ポピュラー ヴュー）

eccentric
エキセントリック
性格などが風変わりなさま。
エキセントリックな行動が目につく。

言葉のあや（ことばのあや）
いく通りにも解釈できるような複雑な言い回し。
それは言葉のあやというものです。
figure of speech（フィギュア オブ スピーチ）

愛玩（あいがん）
かわいがる。もて遊ぶ。
愛玩犬。
cherish（チェリッシュ）

文盲（もんもう）
読み書きができないこと・人。
一般に、教育が整っている先進国では文盲率は低い傾向にある。
illiteracy（イリタラスィー）

均質（きんしつ）
むらがなく同じであること。
どの製品も均質である。
uniformity（ユニフォーミティー）

馬脚を露す（ばきゃくをあらわす）
隠していたことが明らかになる。
悪徳経営者が遂に馬脚を露す。
expose（エクスポーズ）

器用貧乏（きようびんぼう）
何事も一応はうまくできるが特技がなく、かえって成功しないこと。
器用貧乏が災いする。
Jack of all trades and master of none（ジャックオブ オールトレーズ アンド マスター オブ ナン）

つんざく
強い力で引き裂く。
耳をつんざく悲鳴。
pierce（ピアース）

気負い立つ（きおいたつ）
ある物事に立ち向かおうとして強く意気ごむ。
気負い立って新しい仕事に臨む。
work up（ワーク アップ）

谷町（たにまち）
後ろで支え助けてくれる人。
古くからの谷町に支えられている関取。
patron（パトロン）

LEVEL

虎穴に入らずんば虎子を得ず

こけつにいらずんばこじをえず

□□□

危険をおかさなければ大きな成功はしないということ。

Nothing venture, nothing have.

何の冒険もしなければ何も得られない。

1

□□□
馥郁
ふくいく
いい香りが漂うさま。
馥郁たるバラの香り。
フラグラント
fragrant

□□□
繰り延べる
くりのべる
日程を先にずらす。
借金返済の予定を繰り延べる。
ポストポーン
postpone

2

□□□
無心する
むしんする
人に金や物をねだること。
知人に金を無心する。
アスク フォー マニー
ask for money

□□□
弛緩
しかん
ゆるむこと。
緊張を解かれて、筋肉が弛緩する。
ルースン
loosen

□□□
激賞
げきしょう
大いに褒めること。
世間の激賞を浴びる。
ハイ プレーズ
high praise

□□□
活況
かっきょう
活気のある様子。
イベントが活況を呈する。
ブリスクネス
briskness

3

□□□
自家撞着
じかどうちゃく
言うことなどが矛盾すること。
理論が自家撞着する。
セルフコントラディクション
self-contradiction

□□□
晦渋
かいじゅう
表現が難しく理解しにくいさま。
晦渋な文章を読み解く。
アブストルースネス
abstruseness

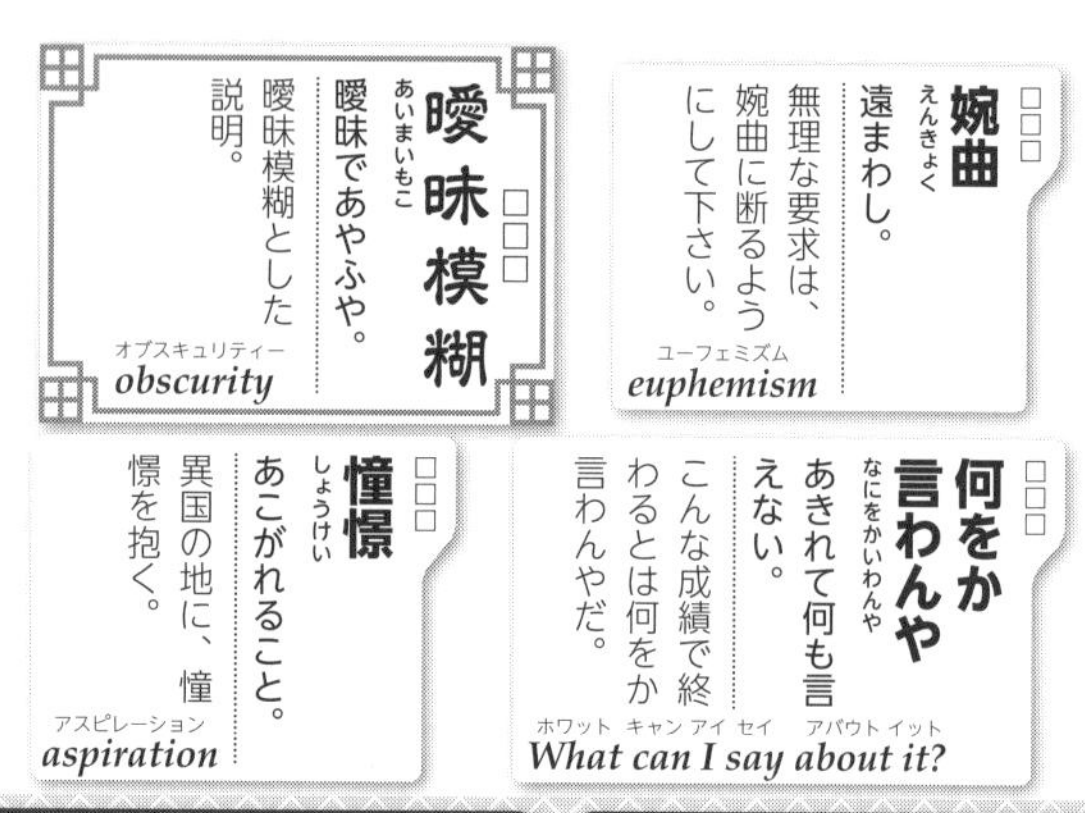

婉曲（えんきょく）

遠まわし。

無理な要求は、婉曲に断るようにして下さい。

ユーフェミズム
euphemism

曖昧模糊（あいまいもこ）

曖昧であやふや。

曖昧模糊とした説明。

オブスキュリティー
obscurity

何をか言わんや（なにをかいわんや）

あきれて何も言えない。

こんな成績で終わるとは何をか言わんやだ。

ホワット キャン アイ セイ アバウト イット
What can I say about it?

憧憬（しょうけい）

あこがれること。

異国の地に、憧憬を抱く。

アスピレーション
aspiration

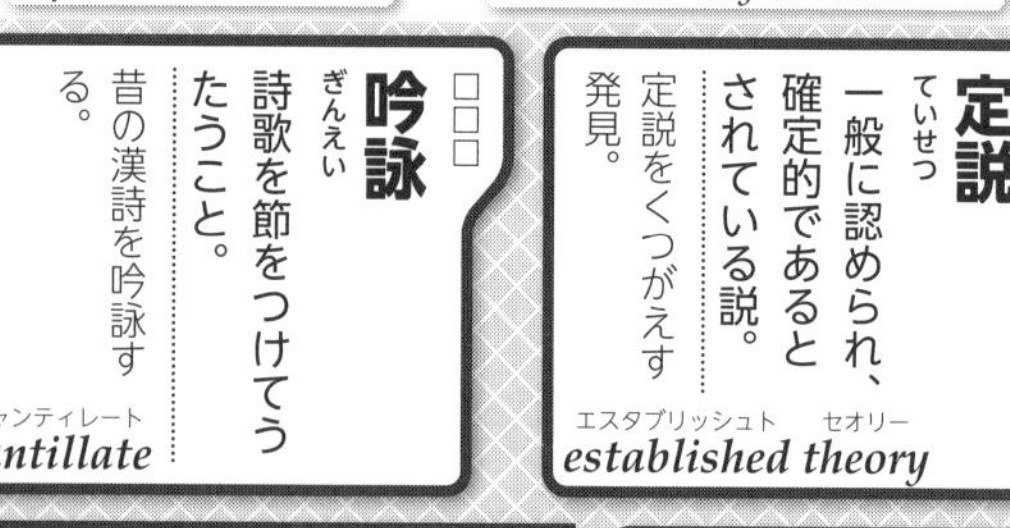

定説（ていせつ）

一般に認められ、確定的であるとされている説。

定説をくつがえす発見。

エスタブリッシュト セオリー
established theory

吟詠（ぎんえい）

詩歌を節をつけてうたうこと。

昔の漢詩を吟詠する。

キャンティレート
cantillate

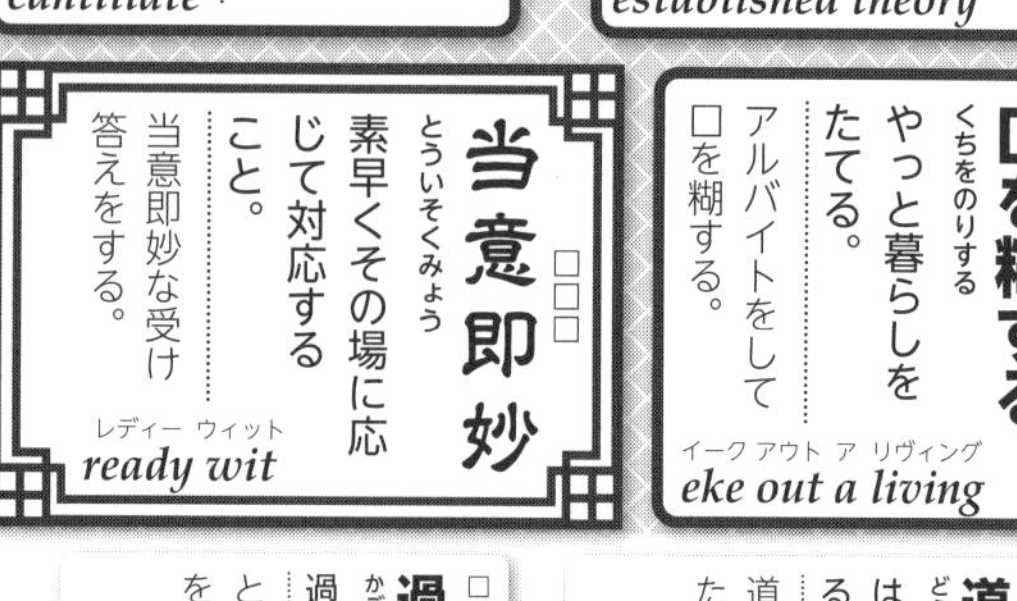

口を糊する（くちをのりする）

やっと暮らしをたてる。

アルバイトをして口を糊する。

イーク アウト ア リヴィング
eke out a living

当意即妙（とういそくみょう）

素早くその場に応じて対応すること。

当意即妙な受け答えをする。

レディー ウィット
ready wit

道破（どうは）

はっきりと言い切ること。

道破し尽くされた事柄。

デクラレーション
declaration

過誤（かご）

過ち。

とんでもない過誤を犯す。

ミステイク
mistake

LEVEL 1

蓼食う虫も好きずき

たでくうむしもすきずき

□□□

人の好みはまちまちだということ。

There is no accounting for tastes.

人の好みは説明のしようがない。

□□□

風説

ふうせつ

世間の噂。

風説に惑わされる。

ルーマー
rumor

□□□

無機的

むきてき

生命の感じられないさま。

無機的なデザインを好む。

イノーガニック
inorganic

LEVEL 2

デモンストレーション

demonstration

□□□

特長などを公に示すこと。

展示会にてデモンストレーションを行う。

□□□

叱責

しっせき

叱りとがめること。

上司に厳しく叱責される。

スコルディング
scolding

□□□

無作為

むさくい

偶然に任せること。

無作為に候補を選び出す。

ランダム
random

□□□

思いなし

おもいなし

そうであろうと思い込むこと。気のせい。

思いなしか元気がない。

オブセスト　アイディア
obsessed idea

LEVEL 3

□□□

流離

りゅうり

故郷を離れてあちこちをさまよい歩くこと。

流離の旅に出る。

ワンダリング
wandering

リテラシー

literacy

□□□

ある分野に関する知識やそれを活用する能力。

コンピュータ・リテラシーを向上させる。

tie up
タイアップ
協力・提携して行うこと。
異なったジャンルの業種とタイアップする。

解脱（げだつ）
この世の迷いや苦悩から抜け出ること。
修行によって解脱の境地に達する。
サルヴェーション
salvation

善後策（ぜんごさく）
物事の後始末をうまくするための方法。
計画通りにいかなかった場合の善後策を練る。
リミーディアル　メジャーズ
remedial measures

もっけの幸い（もっけのさいわい）
思いがけない幸運。
それをたまたま目にしたのがもっけの幸いだった。
アンエクスペクティッド　フォーチュン
unexpected fortune

割拠（かっきょ）
ある地域で勢力を張ること。
群雄が割拠する戦国時代。
ホールディング　グラウンド
holding ground

聖人君子（せいじんくんし）
立派な道徳や知識を身につけた、理想的な人物。
彼も聖人君子ではないのでやむを得ない。
セイント
saint

了見（りょうけん）
考え。
悪い了見を起こしてはいけない。
アイディア
idea

無礼講（ぶれいこう）
上下関係抜きに楽しむ宴会。
さあ、今夜は無礼講だ。
ルースン　アップ
loosen up

resistance
レジスタンス
権力や侵略者などに対する抵抗運動。
レジスタンス運動に参加する。

談合（だんごう）
話し合うこと。入札の際に、複数の参加者が前もって相談し、価格などを示し合わせること。
談合が発覚する。
ビッドリギング
bid-rigging

LEVEL

登竜門（とうりゅうもん）

出世するための関門。

芥川賞は作家への登竜門だ。

gateway to success（ゲートウェー　トゥ　サクセス）

被疑者（ひぎしゃ）

犯罪の疑いをかけられている者。

被疑者を尾行する。

suspect（サスペクト）

ミイラ取りがミイラになる

ミイラとりがミイラになる

人を連れ戻しに行ったりした人が、そのまま戻らなくなることのたとえ。

Many go out for wool and come home shorn.

羊毛をとりに行った者が、毛を刈られてしまうことが多い。

1

一糸乱れず（いっしみだれず）

少しも乱れず、整然としている。

一糸乱れずダンスを踊る。

in perfect order（イン パーフェクト オーダー）

人擦れ（ひとずれ）

人にもまれ、世間に慣れている。

まだ人擦れしていない少年。

worldly-wise（ワールドリーワイズ）

呪詛（じゅそ）

まじない。のろい。

己の境遇を呪詛する。

curse（カース）

歳時記（さいじき）

俳句の季語などを集めて解説などを加えた書物。

これが現存する最古の歳時記だ。

compendium of seasonal words（コンペンディアム　オブ　スィーズナル　ワーズ）

2

膝詰談判（ひざづめだんぱん）

相手に膝を詰め寄せて話し合うこと。

トップ同士の膝詰談判が行われる。

direct negotiation（ダイレクト　ネゴシエーション）

時ならぬ（ときならぬ）

時期外れの。思いがけない。

時ならぬ大雪。

unexpected（アンエクスペクティッド）

3

蘇生（そせい）
生き返ること。よみがえること。
心臓マッサージで蘇生する。
リヴァイヴァル *revival*

早計（そうけい）
早まった判断。
そう決めつけるのは早計だ。
ヘースティネス *hastiness*

俎上（そじょう）
まな板の上。
俎上の魚になった気分だ。
オン ザ チョッピング ボード *on the chopping board*

拠りどころ（よりどころ）
支えや裏付けとなるもの。
コーチの指導を拠りどころに、練習に励む。
ホールド *hold*

機運（きうん）
時の巡り合わせ。
新規事業の機運が熟する。
オポチュニティー *opportunity*

一騎当千（いっきとうせん）
一人で千人の敵を相手にするほど強いこと。
一騎当千のパワーを発揮する。
マイティ ウォリアー *mighty warrior*

背任（はいにん）
任務に背くこと。
幹部の背任行為が発覚する。
ブリーチ オブ トラスト *breach of trust*

共謀（きょうぼう）
二人以上の者が悪事などをたくらむこと。
共謀して犯罪を犯す。
コンスピラスィー *conspiracy*

敗軍の将は兵を語らず

はいぐんのしょうはへいをかたらず

失敗した者は、それを弁解すべきではないということ。

A defeated general should not talk of battles.

（直訳）

LEVEL 1

□□□
一期一会（いちごいちえ）
一生でたった一度の出会いのこと。
何事にも一期一会の心で臨む。
once in a lifetime encounter（ワンス インア ライフタイム エンカウンター）

□□□
向こう三軒両隣（むこうさんげんりょうどなり）
自分の家の向かい側の三軒と左右の二軒の家。
向こう三軒両隣に挨拶に行く。
nearest neighbors（ニアレスト ネイバーズ）

□□□
済し崩し（なしくずし）
物事を少しずつ変えていくこと。
企画が済し崩しに変更される。
little by little（リトル バイ リトル）

□□□
功を奏する（こうをそうする）
効果が現れる。
練りに練った作戦が功を奏する。
succeed（サクスィード）

2

□□□
recall
リコール
問題のある製品を回収し、無料で修理すること。
欠陥自動車のリコール。

□□□
左前（ひだりまえ）
経済的に苦しくなること。
商売が左前になる。
badly off（バッドリー オフ）

□□□
利いた風（きいたふう）
いかにも知っているような態度で生意気なさま。
利いた風なことを言うものではない。
talk knowingly（トーク ノーイングリー）

□□□
臀部（でんぶ）
しりの部分。
落馬して臀部を強打する。
buttocks（バトックス）

3

□□□
authority
オーソリティ
権威。ある分野での第一人者。
スポーツ医学のオーソリティ。

□□□
一衣帯水（いちいたいすい）
幅の狭い川や海。また、それを隔てて隣り合っていること。
一衣帯水の地。
strip of water（ストリップオブ ウォーター）

□□□
かぶりを振る
かぶりをふる
頭を左右に振って、嫌だという気持ちを表す。
ぼくが何を言っても、弟はかぶりを振って泣くばかりだった。
シェーク　ヘッド
shake head

□□□
若輩者
じゃくはいもの
年若い人。未熟者。
若輩者ですが、よろしくお願いします。
ヤンガー　パーソン
younger person

羹に懲りてなますを吹く
あつものにこりてなますをふく
□□□
失敗にこりて必要以上に心配すること。

Once bitten, twice shy.
一度噛まれると二度目には憶病になる。

□□□
不穏当
ふおんとう
穏やかでないこと。
不穏当な発言を慎む。
インプロパー
improper

□□□
多言を費やす
たげんをついやす
ものを多く言う。
多言を費やすばかりで何もしない。
ウェイスト　ワーズ
waste words

□□□
断末魔
だんまつま
臨終。臨終の苦しみ。
断末魔の苦しみにのたうつ。
ラスト　モーメンツ
last moments

essence
エッセンス
□□□
物事の重要な部分。
話のエッセンスを資料としてまとめる。

□□□
病膏肓に入る
やまいこうこうにいる
趣味などに熱中しすぎて、手がつけられなくなることのたとえ。
将棋が病膏肓に入ってしまった。
ビカム　スレイヴ　トゥ
become slave to

□□□
嘱託
しょくたく
仕事を頼んで任せること。
面倒な作業を嘱託する。
テンポラリー　エンプロイメント
temporary employment

諸行無常
しょぎょうむじょう
□□□
世の中の全ては常に変化し、永久不変なものはないということ。
諸行無常の世の中。
インパーマネンス　オブ　オール　スィングス
impermanence of all things

高揚
こうよう
□□□
精神や気分などが高まること。
選手たちの士気の高揚を促す。
アップリフト
uplift

清貧
せいひん
□□□
私欲を捨てて行いが正しいために、貧しく生活が質素であること。
清貧に甘んじた生活を送る。
クリーン　アンド　プアー
clean and poor

一石を投じる
いっせきをとうじる
□□□
新しい問題を投げかけること。
彼の作品は、文学界に一石を投じた。
クリエート　ア　スター
create a stir

投薬
とうやく
□□□
病気や症状に応じて薬を与えること。
患者への投薬を毎朝欠かさず行う。
メディケーション
medication

不撓不屈
ふとうふくつ
□□□
困難にくじけない。
不撓不屈の精神で臨む。
インドミタブル
indomitable

沈潜
ちんせん
□□□
物事に深く没頭すること。
閉じこもって学問に沈潜する。
コンテンプレーション
contemplation

臆す
おくす
□□□
怖気づいておどおどする。
臆すところなく主張を貫く。
ティミッド
timid

矛を収める
ほこをおさめる
□□□
争いや攻撃をやめる。
怒りの矛を収める。
レイ　ダウン　アームズ
lay down arms

偉丈夫
いじょうふ
□□□
体が大きく、たのもしそうな男。
立派な偉丈夫がやって来た。
ビッグ　ストロング　マン
big strong man

□□□
琴線
きんせん
心の奥底にある、感じやすい部分。
心の琴線に触れる作品だ。
センスィティヴィティー
sensitivity

□□□
相好をくずす
そうごうをくずす
大変うれしそうな顔つきをする様子。
孫の顔を見て相好をくずす。
ブレーク イントゥ スマイル
break into smile

□□□
珍重
ちんちょう
めずらしがって大切にすること。
貴族たちに珍重されている動物。
チェリッシュ
cherish

□□□
思いの丈
おもいのたけ
思うことのありったけ。
思いの丈を母に打ち明ける。
ホール ハート
whole heart

□□□
怨嗟
えんさ
恨み嘆くこと。
怨嗟の声があちこちから聞こえる。
リゼントメント
resentment

□□□
当節
とうせつ
近頃。
当節はやりのファッション。
ナウアディズ
nowadays

□□□
esprit
エスプリ
精神。気がきいていること。
エスプリに富んだ会話。

□□□
交歓
こうかん
互いに親しく交わり、楽しむこと。
交歓会が開かれる。
フラターナイズ
fraternize

□□□
胸三寸
むねさんずん
胸の中の考え。
本心を胸三寸に納めておく。
ワンズ マインド
one's mind

LEVEL 1

闖入（ちんにゅう）

断りなく突然入り込む。

暴漢が会場に闖入する。

intrusion（イントゥルージョン）

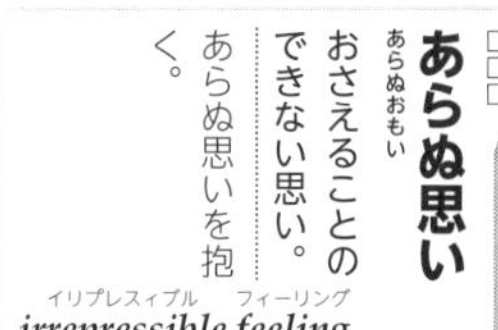

あらぬ思い（あらぬおもい）

おさえることのできない思い。

あらぬ思いを抱く。

irrepressible feeling（イリプレスィブル　フィーリング）

聞いて極楽見て地獄（きいてごくらくみてじごく）

聞いた話と実際とでは大きな違いがあるということ。

A paradise on hearsay, a hell at sight.

聞くと見るとは大違い。

2

偏執（へんしゅう）

かたよった考えを頑固に守ること。

自分の主張にあくまでも偏執する。

obstinacy（オブスティナスィー）

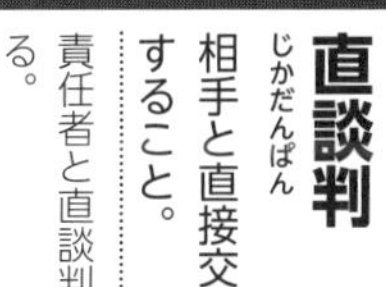

直談判（じかだんぱん）

相手と直接交渉すること。

責任者と直談判する。

direct negotiation（ダイレクト　ネゴシエーション）

潤色（じゅんしょく）

表面をおもしろく飾りたてたりすること。

ささいな出来事に潤色を加える。

embellishment（エンベリシュメント）

利害得失（りがいとくしつ）

利益と損。

目先の利害得失にとらわれる。

gains and losses（ゲインズ　アンド　ロスィズ）

3

宿あ（しゅくあ）

長い間治らない病気。

宿あに悩まされる。

chronic disease（クロニック　ディズィーズ）

pragmatism プラグマティズム

実際的な考え方。実用主義。

プラグマティズムに徹する。

□□□
反故にする
ほごにする

無いものとする。

契約を反故にする。

スクラップ
scrap

□□□
あだ花
あだばな

咲いても実を結ばずに散る花。実質を伴わない物事のたとえ。

せっかくの努力があだ花に終わる。

フルートレス　フラワー
fruitless flower

□□□
酉の市
とりのいち

十一月の酉の日に行われる、鷲（おおとり）神社（大鳥神社）の祭り。

今日から酉の市が行われる。

バード　デー　フェア
Bird Day fair

□□□
大同小異
だいどうしょうい

たいした違いのないこと。

二冊の雑誌の内容は大同小異だ。

ノット　マッチ　ディファレンス
not much difference

□□□
少年老い易く学成り難し
しょうねんおいやすくがくなりがたし

若いと思っていてもすぐ年をとってしまうから、勉強に励めということ。

Youthful years pass quickly before one accomplishes much learning.

多くを学ぶ前に若い日々は速く過ぎ去ってゆく。

□□□
奇矯
ききょう

行動などが普通と違っていること。

奇矯な振る舞いが目につく。

エキセントリック
eccentric

□□□
哄笑
こうしょう

大口をあけて笑うこと。

大きな哄笑を上げる。

ラウド　ラフター
loud laughter

□□□
陥穽
かんせい

落とし穴。

敵が仕掛けた陥穽に陥る。

トラップ
trap

□□□
委細構わず
いさいかまわず

事情がどうあろうとも、それにはかかわらず。

委細構わず予定通り計画を実施する。

リガードレス　オブ　ザ　サーカムスタンスィズ
regardless of the circumstances

LEVEL 1

□□□
巧拙
こうせつ
上手なことと下手なこと。
両者の巧拙には、はっきりとした差がある。
スキルド アンド アンスキルド
skilled and unskilled

□□□
活路を見いだす
かつろをみいだす
解決するための方法を考え出す。
新しい生活への活路を見いだす。
ファインド ア ニュー ウェイ
find a new way

□□□
木を見て森を見ず
きをみてもりをみず
小さいことに心を奪われて、全体を見通さないことのたとえ。
You cannot see the wood for the trees.
木を見て森を見ることはできない。

□□□
交情
こうじょう
親しみの情。
旧友との交情を深める。
フレンドシップ
friendship

□□□
さかしい
かしこい。
なかなかさかしい方法だ。
クレヴァー
clever

□□□
在野
ざいや
公職に就かないで民間にいること。
在野の人材を起用する。
アウト オブ オフィス
out of office

□□□
outsourcing
アウトソーシング
業務を外に任せること。
業務をアウトソーシングでまかなう。

2

□□□
体躯
たいく
からだ。
強い体躯の持ち主。
ボディー
body

□□□
含羞
がんしゅう
恥ずかしいと思う気持ち。
含羞の色を浮かべた顔。
シャイネス
shyness

3

□□□
伏字
ふせじ
印刷物で、明記を避けるために、その部分を空白にしたり、○や×で表したりすること。

使用禁止用語を伏字にする。

アステリスク
asterisk

parody
パロディ
□□□
他の芸術作品を風刺、批判する目的を持って模倣した作品。

名作のパロディ。

□□□
堂に入る
どうにいる
物事にすっかり慣れて優れている。

堂に入った演説。

マスター　アット
master at

□□□
泥仕合
どろじあい
相手の欠点などを言い合い、みにくい争いをすること。

泥仕合を演じてしまった。

マッドスリンギング
mudslinging

□□□
戯れ言
ざれごと
ふざけた言葉。冗談。

ささいな戯れ言に腹を立てる。

ナンセンス
nonsense

□□□
もんどりを打つ
もんどりをうつ
宙返りをする。

もんどりを打って倒れる。

ターン　サマーソルト
turn somersault

□□□
隔絶
かくぜつ
かけ離れていること。

集団から隔絶した人。

アイソレーション
isolation

□□□
事もなげ
こともなげ
何事もないかのように平然としているさま。

難しい技を事もなげにやってのける。

イーズィリー
easily

archive
アーカイヴ
□□□
コンピュータで、複数のファイルを一つにまとめたファイルのこと。

アーカイヴ機能を利用する。

□□□
迂遠
うえん
まわりくどいさま。

迂遠な説明に苛立つ。

サーキュイタス
circuitous

LEVEL

三々五々
さんさんごご
□□□

人や家があちらこちらに散らばっている様子。

人々が公園を三々五々散歩していた。

バイ トゥーズ アンド スリーズ
by twos and threes

壮行会
そうこうかい
□□□

旅立ちに際して、その前途を祝し激励する会。

壮行会に招かれる。

センドオフ パーティー
send-off party

摂理
せつり
□□□

自然界を支配している法則。

自然の摂理に従う。

プロヴィデンス
providence

真摯
しんし
□□□

まじめでひたむきな様子。

何ごとにも真摯に取り組む。

スィンセリティー
sincerity

艱難辛苦
かんなんしんく
□□□

大変な苦労や悩み。

艱難辛苦を乗り越えて出世する。

ハードシップ
hardship

残滓
ざんし
□□□

残りかす。

封建制度の残滓。

レズィドゥー
residue

変転
へんてん
□□□

状況が移り、変化してゆくこと。

激しく変転する社会。

チェンジ
change

枯淡
こたん
□□□

あっさりとした中に味わいがあること。

枯淡な味わいの陶器。

エレガント スィンプリスィティー
elegant simplicity

春秋に富む
しゅんじゅうにとむ
□□□

年が若く、将来が長い。

春秋に富む若者。

ヤング
young

1

2

3

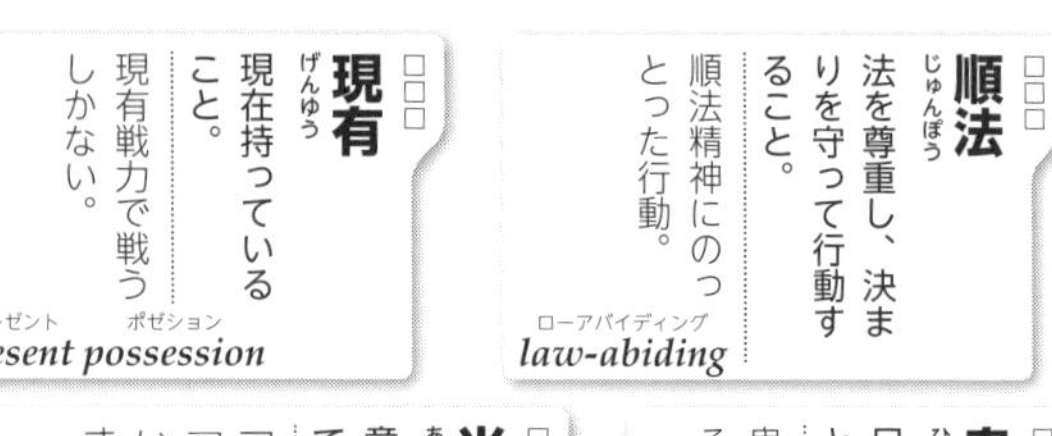

□□□
順法（じゅんぽう）
法を尊重し、決まりを守って行動すること。
順法精神にのっとった行動。
ローアバイディング
law-abiding

□□□
現有（げんゆう）
現在持っていること。
現有戦力で戦うしかない。
プレゼント ポゼション
present possession

□□□
卑近（ひきん）
日常的で身近なこと。
卑近な例を挙げる。
コモン
common

□□□
当て字（あてじ）
意味に無関係にあてる漢字。
「よろしく」を「夜露死苦」という当て字にする。
フォネティック イクィヴァレント
phonetic equivalent

□□□
守銭奴（しゅせんど）
金銭欲が強く、けちな人。
倹約のあまり、守銭奴と呼ばれてしまう。
マイザー
miser

process
プロセス
□□□
過程。
作業のプロセスを説明する。

□□□
訥弁（とつべん）
なめらかでない、下手なしゃべり。
彼は訥弁だが、大変誠実な男だ。
インエロクエント
ineloquent

□□□
頒布（はんぷ）
品物や資料などを、広く配ること。
出席者に資料を頒布する。
ディストリビューション
distribution

□□□
誤謬（ごびゅう）
間違い。
思いがけない誤謬が見つかる。
ミステーク
mistake

□□□
僻見（へきけん）
公平でない、かたよった見方。偏見。
それは君の僻見だ。
プレジャディス
prejudice

LEVEL 1

帰属（きぞく）
あるところに属すること。
国への強い帰属意識を持つ。
belong（ビローング）

策を弄する（さくをろうする）
必要以上に策を用いる。
あれこれ策を弄する。
use artifice（ユーズ アーティフィス）

生き馬の目を抜く（いきうまのめをぬく）
すばやく、油断がならないこと。
Catch a weasel asleep.
眠っているイタチをつかまえる。

LEVEL 2

箴言（しんげん）
戒めとなる短い句。
ニーチェの箴言集。
maxim（マキスィム）

ひもとく
書物を開く。
歴史をひもとくと見えてくるものがある。
open（オープン）

糊塗（こと）
あいまいにその場をごまかすこと。
うわべを糊塗する。
whitewash（ホワイトウォッシュ）

片言隻語（へんげんせきご）
ちょっとした一言。
片言隻語も漏らさず記憶する。
a few words（ア フュー ワーズ）

LEVEL 3

一得一失（いっとくいっしつ）
得な点もあれば損な点もあること。
どの手法も一得一失である。
a gain and a loss（ア ゲイン アンド ア ロス）

恬淡（てんたん）
あっさりして欲がない。
お金に恬淡な人。
disinterest（ディスインタレスト）

備蓄（びちく）

万一に備えて蓄えること。

地震に備えて食糧を備蓄する。

stockpile（ストックパイル）

才色兼備（さいしょくけんび）

優れた才能をもち、顔かたちも美しい女性。

才色兼備のお嬢様。

both talented and beautiful（ボース タレンティッド アンド ビューティフル）

コロンブスの卵（ころんぶすのたまご）

最初に思いつき、実行することは難しく、貴重であるということ。

この発明はまさにコロンブスの卵だ。

Columbus' egg（コランバス エッグ）

見識（けんしき）

物事の本質を見通す、優れた判断力。

見識のある人に従う。

insight（インサイト）

典拠（てんきょ）

頼りにできる根拠。

論説の典拠を明らかにする。

source（ソース）

メンタリティー

mentality

心のあり方。

フランス人特有のメンタリティー。

痛くも無い腹をさぐられる（いたくもないはらをさぐられる）

自分がしていないのに疑われる。

余計なことをして、痛くも無い腹をさぐられる。

unfairly suspected（アンフェアリー サスペクティッド）

天賦（てんぷ）

生まれつきの素質。

天賦の才を無駄にする。

inborn（インボーン）

オッズ

odds

競馬などで当たった場合、賭けた金の何倍になるかの数。

あの馬は本命なのでオッズが低い。

鼓吹（こすい）

元気づけ、励ますこと。

選手たちのやる気を鼓吹する。

encourage（エンカレッジ）

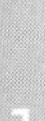

LEVEL 1

脆弱

ぜいじゃく

もろくて弱いこと。

脆弱な精神を鍛え直す。

フレールティー
frailty

満を持す

まんをじす

準備をしっかりして、その機会を待つこと。

彼は、満を持して今日の試験に臨んだ。

ビー　レディ
be ready

断続的

だんぞくてき

途切れたり続いたりするさま。

雨が断続的に降る。

インターミッテント
intermittent

鎮魂

ちんこん

死者の霊魂を慰めしずめること。

死者を鎮魂する式。

リポーズ　オブ　ソールズ
repose of souls

剽窃

ひょうせつ

他人の文章などを盗み使うこと。

他人のデザインを剽窃する。

プレージャリズム
plagiarism

白眉

はくび

多くの中で最も優れた人や物。

ロマン派小説の白眉。

ザ　ベスト
the best

既知

きち

すでに知っていること。

既知の事実を再確認する。

ノウン
known

有為転変

ういてんぺん

全ては変化する。

有為転変の世の中。

ミュータビリティー
mutability

LEVEL 2

好事家

こうずか

もの好きな人。

多くの好事家が競売会に集まる。

ディレッタント
dilettante

当局

とうきょく

ある仕事を処理する立場にあること。

外務当局の発表によると～

オーソリティーズ
authorities

LEVEL 3

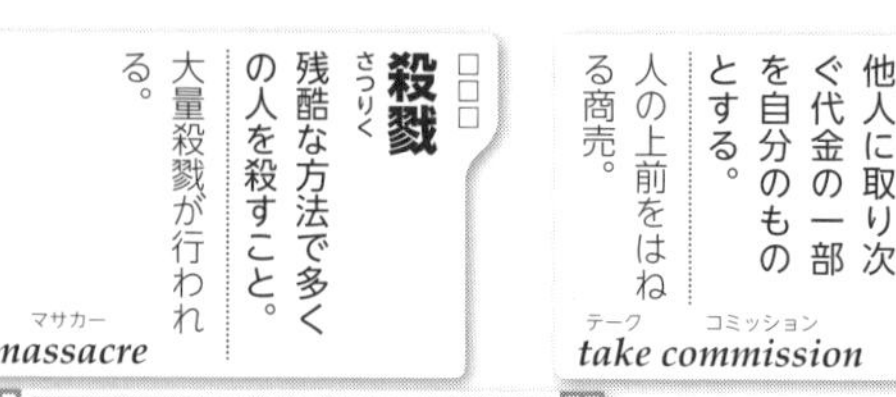

上前をはねる
うわまえをはねる

他人に取り次ぐ代金の一部を自分のものとする。

人の上前をはねる商売。

take commission（テーク コミッション）

殺戮
さつりく

残酷な方法で多くの人を殺すこと。

大量殺戮が行われる。

massacre（マサカー）

肉薄
にくはく

相手のすぐ近くまで迫ること。

首位に肉薄する。

come close（カム クロース）

美辞麗句
びじれいく

うわべだけ美しく飾った言葉。誠意のない言葉。

マスコミは、ありったけの美辞麗句でその作品を称えた。

florid expression（フローリッド エクスプレッション）

すべからく

当然。ぜひとも。

学生はすべからく学問を本分とすべきである。

ought to（オート トゥ）

悖る
もとる

人としての道に反する。

人の道に悖る行為。

go against（ゴー アゲインスト）

downsizing ダウンサイジング

大きさや規模を小さくすること。

製品のダウンサイジングが進む。

御の字
おんのじ

十分でありがたいこと。

これだけ収穫があれば御の字だ。

most satisfactory（モースト サティスファクトリー）

予後
よご

病気が治った後の経過。

予後を大切にする。

prognosis（プログノースィス）

血涙を絞る
けつるいをしぼる

激しい悲しみや憤りに涙を流す。

血涙を絞って政府に援助を訴える。

shed bitter tears（シェッド ビター ティアーズ）

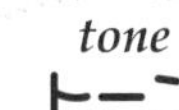

tone
トーン
音の調子。色調。
暗いトーンの映画。

色物（いろもの）
白・黒以外の色がついているもの。
色物の服で着飾る。
colored article（カラード　アーティクル）

困憊（こんぱい）
困って疲れ果てること。
歩き続けて疲労困憊だ。
fatigue（ファティーグ）

老いさらばえる（おいさらばえる）
年老いてみすぼらしくなる。
彼はすっかり老いさらばえてしまった。
get old and feeble（ゲット オールド アンド フィーブル）

物言えば唇寒し秋の風
ものいえばくちびるさむしあきのかぜ
人の悪口を言うと、何となく嫌な気持ちが残るというたとえ。
silence is gold
沈黙は金。

いや増す（いやます）
いよいよ増してくること。
寒さがいや増してきた。
increase（インクリース）

籠城（ろうじょう）
家などにこもって外に出ないこと。
銀行強盗が人質を取って籠城する。
confinement（コンファインメント）

傍証（ぼうしょう）
間接的な証拠。
傍証を固めて容疑者を追い詰める。
supporting evidence（サポーティング　エヴィデンス）

舌先三寸（したさきさんずん）
口先だけでうまく相手をあしらうこと。
舌先三寸で詐欺を働く。
glib tongue（グリブ　タング）

□□□
足が早い あしがはやい

腐りやすい。

生魚は足が早い。

クイック トゥ スポイル
quick to spoil

□□□
判然 はんぜん

はっきりとわかる様子。

トップの方針が判然としない。

クリアネス
clearness

□□□
敷居が高い しきいがたかい

都合の悪いことがあり、そこへ行きづらい。

ご無沙汰したので、先方の敷居が高くなった。

ハヴィング ア ハイ スレッショルド
having a high threshold

□□□
天地無用 てんちむよう

荷物などで、破損の恐れがあるため上と下を逆にしてはいけないということ。

箱に「天地無用」のシールを貼る。

ライト サイド アップ
right side up

□□□
永らえる ながらえる

長く生き続ける。

病弱ながら生き永らえる。

リヴ オン
live on

□□□
根城 ねじろ

行動の根拠とする場所。

郊外のアパートを根城に活動する。

ベース
base

□□□
起居 ききょ

立ったり座ったりすること。日常の生活。

友人と起居を共にする。

デイリー ライフ
daily life

夜目遠目笠のうち

よめとおめかさのうち

□□□

顔の一部が隠れている時は、その人は実際より美しく見えるものである。

Hills are green far away.

遠くの山は青い。

□□□
擬人法（ぎじんほう）
人間ではないものを、人間に例える表現法。
「花が笑う」という擬人法が使われている詩。
personification（パーソニフィケーション）

□□□
頭打ち（あたまうち）
それ以上良くならないという限界。
冬物商品の売れ行きが頭打ちの状態だ。
upper limit（アッパー リミット）

□□□
似非（えせ）
にせもの。いんちきな。
彼は似非芸術家だ。
fake（フェーク）

□□□
フランチャイズ
franchise
親企業（フランチャイザー）が加盟店（フランチャイジー）に与える営業販売権。
フランチャイズチェーンが広がる。

□□□
民意（みんい）
国民の意見。
民意が反映されていない政治。
public opinion（パブリック オピニオン）

□□□
つぶしがきく
ある仕事をやめても、他の仕事ができる能力がある。
つぶしがきく職種。
have marketable skills（ハヴ マーケタブル スキルズ）

□□□
薄暮（はくぼ）
日が暮れようとするころ。
薄暮に起きた出来事。
twilight（トゥワイライト）

□□□
余勢を駆る（よせいをかる）
勢いに乗る。
成功の余勢を駆って海外に進出する。
gain force（ゲイン フォース）

□□□
御為倒し（おためごかし）
自分の利益のためなのに、人のためのように言うこと。
見え透いた御為倒しを言う。
ulterior motive（アルテリアー モーティヴ）

□□□
パラダイム
paradigm
ある時代に支配的な物の考え方。
いまだに旧パラダイムが支配的である。

□□□
所望（しょもう）

欲しいと願うこと。望み。

茶を一杯所望する。

wish（ウイッシュ）

□□□
日和見（ひよりみ）

有利な方につこうと、状況をうかがうこと。

彼の方針は日和見主義とも言える。

opportunism（オポチュニズム）

□□□
禍を転じて福と為す

わざわいをてんじてふくとなす

災いに襲われても、それが逆に幸せに転じること。

Make the best of a bad bargain.

不利な取り引きで最善を尽くす

□□□
最後通牒（さいごつうちょう）

交渉の決裂も辞さないという態度で、相手に一方的に示す最終的な要求。

先方に最後通牒をつきつける。

ultimatum（アルティメータム）

□□□
弁が立つ（べんがたつ）

話し方がうまい。

弁が立つ政治家。

eloquent（エロクエント）

□□□
相半ばする（あいなかばする）

互いに半分ずつである。

好きと嫌いが相半ばする。

equal（イークォール）

□□□
遠来（えんらい）

遠い所から来ること。

遠来の客をもてなす。

from afar（フロム　アファー）

□□□
鬼籍に入る（きせきにいる）

死ぬこと。

九十歳で鬼籍に入る。

die（ダイ）

□□□
睨める（ねめる）

強くにらむ。

睨めるように見つめられる。

glare（グレア）

LEVEL 1

求心（きゅうしん）
中心に向かって近づこうとすること。
求心力のある政治家。
centripetal（セントリペタル）

テナント *tenant*
ビルなどの一区画の借り主。
テナント募集中。

進捗（しんちょく）
物事が進み、はかどること。
工事の進捗状況。
progress（プログレス）

かどわかす
だまして連れ去る。
幼い子どもをかどわかす。
kidnap（キッドナップ）

LEVEL 2

応分（おうぶん）
身分や能力にふさわしいこと。
応分の待遇を受ける。
appropriate（アプロプリエート）

擁立（ようりつ）
支持して高い地位につかせようとすること。
彼を市長候補に擁立する。
back（バック）

ニアミス *near miss*
飛行中の航空機同士が接触の危険を生じるほど接近すること。
飛行機同士がニアミスを起こす。

愚作（ぐさく）
くだらない作品。
この著者にしては珍しく愚作だ。
rubbish（ラビッシュ）

LEVEL 3

野辺送り（のべおくり）
死者を火葬場などへ見送ること。
友人の野辺送りをする。
entombment（エントムメント）

知遇（ちぐう）
認められて手厚く扱われること。
先輩方の知遇を得る。
favor（フェイヴァー）

□□□
礎
いしずえ
土台になる大切なもの。基礎。
国家の礎を築く。
ファウンデーション
foundation

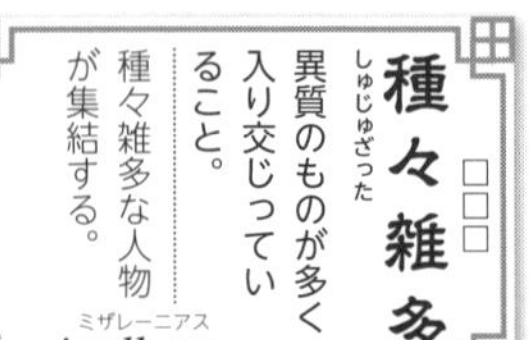
□□□
種々雑多
しゅじゅざった
異質のものが多く入り交じっていること。
種々雑多な人物が集結する。
ミザレーニアス
miscellaneous

□□□
語り種
かたりぐさ
話のたね。話題。
のちのちまでの語り種となる大活躍。
ルーマー
rumor

□□□
迷走
めいそう
道を外れて不規則に進むこと。
リーダーが混乱して迷走する。
ストレー
stray

□□□
大山鳴動して鼠一匹
たいざんめいどうしてねずみいっぴき
騒ぎだけ大きくて、結果は小さいことのたとえ。
Much ado about nothing.
つまらぬことで大騒ぎ。

□□□
お百度を踏む
おひゃくどをふむ
願い事がかなうように何度もお参りをする。
合格を祈願してお百度を踏む。
ヴィズィット リピーティッドリー
visit repeatedly

□□□
plot
プロット
小説・演劇・映画などのあらすじ。
小説のプロットを考える。

□□□
側杖
そばづえ
自分と関係のないことのために被害を受けること。
他人のもめごとの側杖を食う。
バイブロー
by-blow

□□□
片腹痛い
かたはらいたい
他人の実力以上の行為がおかしくてたまらない。
あの白々しい態度には片腹痛くなる。
ヴェリー ファニー
very funny

LEVEL 1

□□□
逸脱
いつだつ
本来の意味や目的からそれること。
それは、権限を逸脱した行為だ。
ディーヴィエーション
deviation

□□□
最右翼
さいうよく
競争者の中で最も有力なもの。
優勝候補の最右翼。
ザ モースト ライクリー ワン
the most likely one

□□□
謀る
たばかる
たくらんでだます。
敵にまんまと謀られる。
ディスィーヴ
deceive

□□□
内助の功
ないじょのこう
(特に妻が夫に)内部から協力すること。
妻の内助の功に感謝する。
ドメスティック ヘルプ
domestic help

2

□□□
想念
そうねん
心の中に浮かぶ考え。
想念の力。
コンセプション
conception

□□□
毒気に当てられる
どくけにあてられる
予想外な相手の言動にぼう然とする。
罵倒されて、すっかり毒気に当てられる。
オーヴァーフェルムド
overwhelmed

□□□
急逝
きゅうせい
突然亡くなること。
まだ若い歌手が急逝する。
サドゥン デス
sudden death

□□□
口の端
くちのは
言葉のはしばし。噂。
すぐに人々の口の端に掛かる。
ゴスィップ
gossip

3

incentive
インセンティヴ
□□□
やる気を起こさせるような刺激。値引き。奨励金。良い結果に対して贈られるごほうびの金品。

高額なインセンティヴを受け取る。

□□□
不首尾
ふしゅび
最後がうまくいかないこと。
最初は良かったが、不首尾に終わった。
ゴー アミス
go amiss

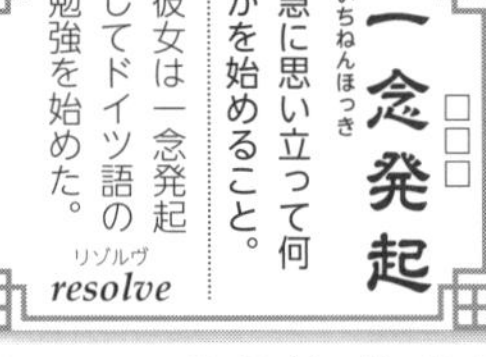

□□□
一念発起（いちねんほっき）

急に思い立って何かを始めること。

彼女は一念発起してドイツ語の勉強を始めた。

resolve（リゾルヴ）

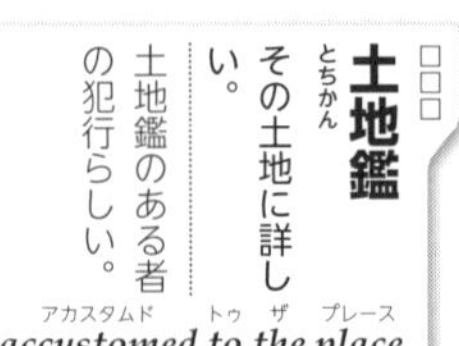

□□□
土地鑑（とちかん）

その土地に詳しい。

土地鑑のある者の犯行らしい。

accustomed to the place（アカスタムド　トゥ　ザ　プレース）

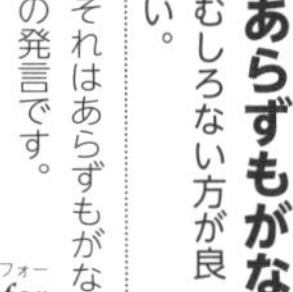

□□□
あらずもがな

むしろない方が良い。

それはあらずもがなの発言です。

uncalled for（アンコールド　フォー）

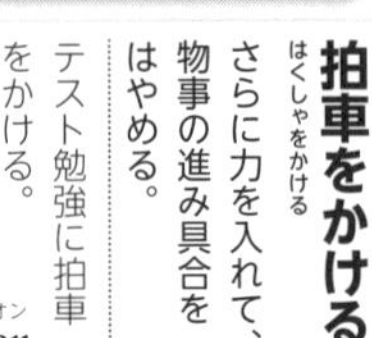

□□□
拍車をかける（はくしゃをかける）

さらに力を入れて、物事の進み具合をはやめる。

テスト勉強に拍車をかける。

spur on（スパー　オン）

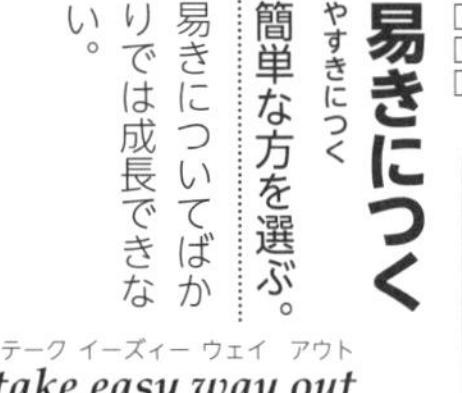

□□□
易きにつく（やすきにつく）

簡単な方を選ぶ。

易きについてばかりでは成長できない。

take easy way out（テーク　イーズィー　ウェイ　アウト）

□□□
category
カテゴリー

事柄の性質を区分する上でのもっとも基本的な分類。範ちゅう。

各ファイルに分けてカテゴリー化する。

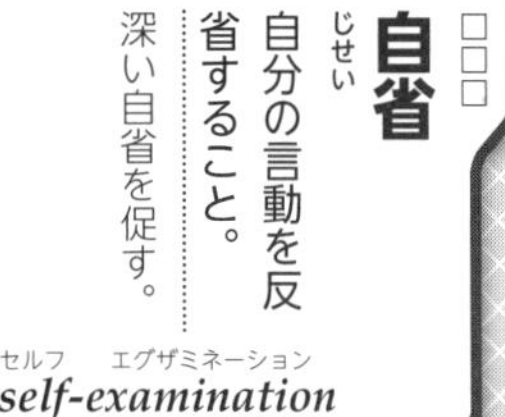

□□□
自省（じせい）

自分の言動を反省すること。

深い自省を促す。

self-examination（セルフ　エグザミネーション）

□□□
卓見（たっけん）

優れた意見やものの見方。

非凡な卓見の持ち主。

far-sightedness（ファーサイティッドネス）

□□□
惑溺（わくでき）

熱中しすぎて判断力を失うこと。

快楽に惑溺する。

indulgence（インダルジェンス）

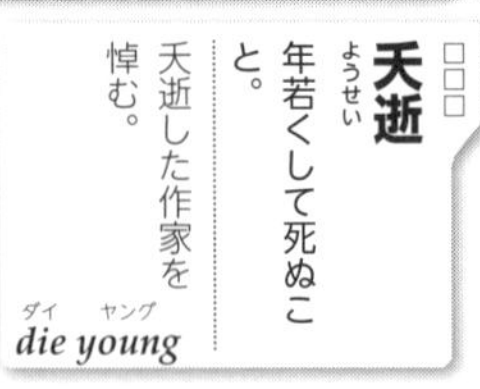

□□□
夭逝（ようせい）

年若くして死ぬこと。

夭逝した作家を悼む。

die young（ダイ　ヤング）

LEVEL 1 2 3

□□□
介在（かいざい）
間に存在すること。
多くの困難が介在する。
interpose（インターポーズ）

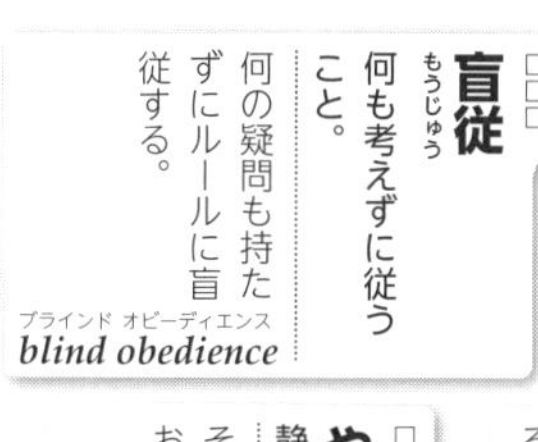

□□□
盲従（もうじゅう）
何も考えずに従うこと。
何の疑問も持たずにルールに盲従する。
blind obedience（ブラインド オビーディエンス）

□□□
暗躍（あんやく）
人に知られないように行動すること。
国の平和をおびやかすような組織が暗躍している。
activity behind scenes（アクティヴィティー ビハインド スィーンズ）

□□□
やおら
静かに、ゆっくりと。
そのご婦人は、やおら会釈した。
slowly（スローリー）

□□□
参画（さんかく）
計画の相談に参加すること。
事業計画の作成に参画する。
participate（パーティスィペート）

□□□
胸にたたむ（むねにたたむ）
心の中にしまっておく。
悔しい思いを胸にたたむ。
bear in mind（ベア イン マインド）

□□□
一日千秋（いちじつせんしゅう）
一日が千年のように思われるほど待ち遠しいこと。
母は、父がアメリカから帰国するのを一日千秋の思いで待っている。
eternal waiting（エターナル ウェーティング）

□□□
凡俗（ぼんぞく）
平凡であること。
凡俗な発想が多い。
mediocrity（ミディオクリティー）

去る者は日々に疎し

さるものはひびにうとし

□□□

親しかった者も、離れてしまうと、しだいに親しみが薄くなる。

out of sight, out of mind.

目に見えないものは忘れられる。

flexible
フレキシブル
融通のきくさま。
フレキシブルな考え方。

地獄耳（じごくみみ）
人の秘密などをいちはやく聞き込んでいること。
あの人の地獄耳はあなどれない。
sharp ear（シャープ イヤー）

生きとし生けるもの（いきとしいけるもの）
この世に生きている全てのもの。
生きとし生けるもの全てに対する尊敬。
all living things（オール リヴィング スィングズ）

稚拙（ちせつ）
幼稚で未熟なこと。
稚拙な表現が目立つ文章。
unskillful（アンスキルフル）

眼識（がんしき）
物事のよしあし・本当などを見分ける能力。
眼識のある人に審査を依頼する。
insight（インサイト）

半壊（はんかい）
半分ほど壊れるさま。
地震でビルが半壊した。
partial destruction（パーシャル ディストラクション）

天高く馬肥ゆる秋
てんたかくうまこゆるあき
秋の快適な気候のこと。
Autumn with the sky clear and blue,and horses growing stout.
秋の空は青く、馬はたくましく育つ。

捨て石（すていし）
将来のために、その場では無用とも見える事を行うこと。
社会改革のための捨て石となる。
dead stone（デッド ストーン）

一蓮托生（いちれんたくしょう）
仲間として行動や運命をともにすること。
一蓮托生の仲。
in the same boat（イン ザ セーム ボート）

LEVEL 1

□□□ **公僕**（こうぼく）

広く公衆のために働く者。

国民の公僕。

public servant（パブリック サーヴァント）

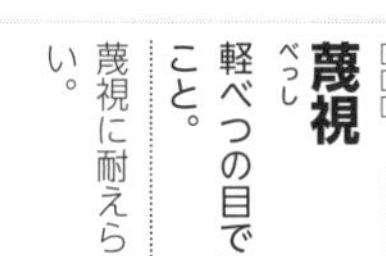

□□□ **蔑視**（べっし）

軽べつの目で見ること。

蔑視に耐えられない。

disdain（ディスデイン）

□□□ **侘び**（わび）

静かに澄んで、落ち着いた味わい。

侘び寂びの心を大切にする。

quiet refinement（クワイエット リファインメント）

2

□□□ **昔日**（せきじつ）

むかし。

昔日の面影が残っている。

old days（オールド デイズ）

□□□ **不承不承**（ふしょうぶしょう）

嫌々ながら、仕方なくする様子。

気が重い役割だが、不承不承引き受けた。

reluctantly（リラクタントリー）

□□□ **如意**（にょい）

思いのままになること。

万事如意とはなかなかいかない。

as wished（アズ ウィッシュト）

□□□ *therapy* **セラピー**

治療。療法。

独特なセラピーを受ける。

3

□□□ **裃を脱ぐ**（かみしもをぬぐ）

堅苦しい態度を捨てて打ち解ける。

裃を脱いで談話をする。

at ease（アット イーズ）

□□□ **むべなるかな**

いかにももっともだ。

君の言もむべなるかな。

truly（トゥルーリー）

□□□
走馬灯のよう（そうまとうのよう）

様々なことが浮かんでは去っていくさま。

懐かしい日々が走馬灯のように浮かぶ。

like revolving lantern（ライク リヴォルヴィング ランターン）

□□□
不可避（ふかひ）

避けられないこと。

国交断絶は不可避だ。

unavoidability（アナヴォイダビリティー）

□□□
ハザード（*hazard*）

危険。

車のハザードランプを点灯させる。

□□□
内諾（ないだく）

表立たずに承諾すること。

相手の要望を内諾する。

informal consent（インフォーマル コンセント）

□□□
快刀乱麻を断つ（かいとうらんまをたつ）

もつれた物事を見事に解決させる。

快刀乱麻を断つような大活躍。

solve a knotty problem readily（ソルヴ ア ナティ プロブレム レディリー）

□□□
老いらく（おいらく）

年をとること。

老いらくの恋に陥る。

old age（オールド エージ）

□□□
一汁一菜（いちじゅういっさい）

地味で粗末な食事。

一汁一菜の生活に耐える。

simple meal（スィンプル ミール）

□□□
鈴生り（すずなり）

果実がたくさん群がりなっていること。

みかんが鈴生りに実をつけている。

grow in clusters（グロー イン クラスターズ）

□□□
忙中閑あり（ぼうちゅうかんあり）

どんなに忙しい中にも、わずかな暇はあるものだということ。

Find odd moments in busy life.

忙しい生活に余暇を見つける。

LEVEL 1

旧知（きゅうち）

古くからの知り合い。

彼とは旧知の間柄だ。

オールド アクエインタンス
old acquaintance

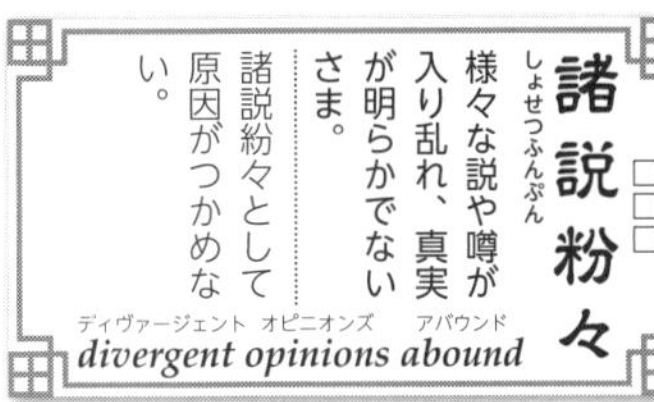

諸説紛々（しょせつふんぷん）

様々な説や噂が入り乱れ、真実が明らかでないさま。

諸説紛々として原因がつかめない。

ディヴァージェント オピニオンズ アバウンド
divergent opinions abound

吹聴（ふいちょう）

言いふらすこと。

人の噂を吹聴して回る。

スプレッディング ルーマー
spreading rumor

いきおい

自然のなりゆきで。

雪の日は、いきおい交通量が少なくなる。

ナチュラリー
naturally

LEVEL 2

utility

ユーティリティ

役に立つこと。

ユーティリティプレーヤー。

鎌首をもたげる（かまくびをもたげる）

良くないことの起こるきざしがある。

大きな災難が鎌首をもたげる。

レイズ ヘッド
raise head

隘路（あいろ）

狭くて険しい道。障害や支障。

予算枠が隘路となり、計画が中断した。

ナロー パス
narrow path

清冽（せいれつ）

水などが清らかに澄んで冷たいこと。

泉にわく清冽な水。

クール アンド クリアー
cool and clear

LEVEL 3

膾炙（かいしゃ）

人々に広く知れ渡ること。

人口に膾炙した格言。

ウェルノウン
well-known

齟齬（そご）

食い違い。行き違い。

両者の認識に齟齬が生じる。

ディスコード
discord

窮鼠猫を噛む

きゅうそねこをかむ

□□□

追い詰められると、弱いものでも大きな力を発揮し、強いものを倒すこと。

Despair makes cowards courageous.

絶望は臆病者を勇敢にさせる。

□□□
たたずまい

様子や雰囲気。

静かなたたずまいの街。

アピアランス
appearance

□□□
負荷
ふか

負担。重荷。

彼一人だけに負荷がかかっている。

ロード
load

operator
オペレーター

□□□
機械を操作する人。

テレフォンオペレーターの職を得る。

□□□
口角泡を飛ばす
こうかくあわをとばす

激しい調子で議論すること。

学生たちは下宿で毎晩口角泡を飛ばし議論にふけった。

ディベート ホットリー
debate hotly

□□□
慧眼
けいがん

本質を見抜く鋭い眼。

慧眼の士と呼ばれる思想家。

パーセプティヴ
perceptive

□□□
旗振り
はたふり

先頭に立って人々に働きかけながら物事を進めること。

大改革の旗振り役。

リーダー
leader

□□□
空中楼閣
くうちゅうろうかく

根拠のない非現実的な物事。

空中楼閣のような理想論。

キャスル イン ズィ エア
castle in the air

thesis
テーゼ

□□□
最初に立てられた命題。

このテーゼをもとにして議論を始める。

□□□
酸いも甘いも噛み分ける（すいもあまいもかみわける）

人生経験を積み、世の中の裏も表も知り尽くしていること。

酸いも甘いも噛み分けた老人。

エクスピアリアンスト　イン　ウェイズ　オブ　ワールド
experienced in ways of world

□□□
賛辞（さんじ）

ほめ言葉。

心から賛辞をおくります。

プレイズ
praise

□□□
因果応報（いんがおうほう）

前の行いに対する報いがあること。

イソップには、因果応報を教える物語が多い。

チェーン　オブ　コーズ　アンド　イフェクト
chain of cause and effect

□□□
快諾（かいだく）

気持ちよく承諾すること。

援助の依頼を快諾する。

プロンプト　イエス
prompt yes

□□□
両天秤（りょうてんびん）

二股をかけること。

好条件の二者を両天秤にかける。

スィット オントゥ　ストゥールズ
sit on two stools

□□□
蛮カラ（ばんから）

身なりや言動が荒っぽいこと。

蛮カラな学生が多い大学。

スクラフィー
scruffy

□□□
付け届け（つけとどけ）

義理による贈りもの。

盆暮の付け届けを欠かさない。

ギフト
gift

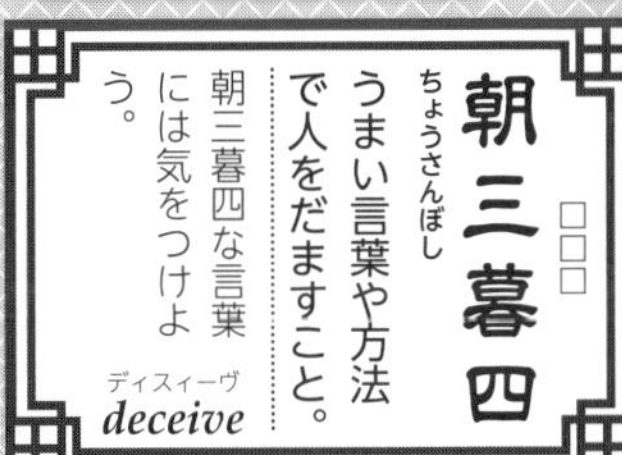

□□□
朝三暮四（ちょうさんぼし）

うまい言葉や方法で人をだますこと。

朝三暮四な言葉には気をつけよう。

ディスィーヴ
deceive

□□□
君子豹変す
くんしひょうへんす

君子は過ちとわかれば直ちに改める。変わり身が早いこと。

The wise adapt themselves to changed circumstances.
賢者は環境の変化に適応する。

□□□
諸般の事情（しょはんのじじょう）
色々な事情、要因や背景。
諸般の事情を考慮する。
various reasons（ヴェアリアス　リーズンズ）

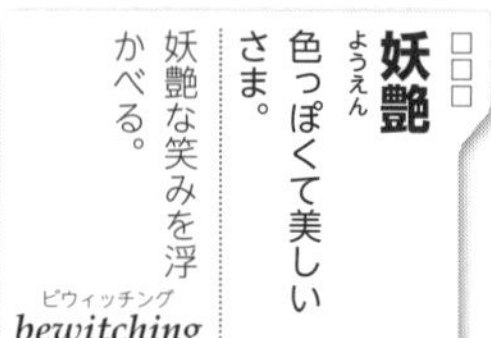

□□□
雨降って地固まる
あめふってじかたまる
もめごとの後、前より良い状態になること。

After a storm comes a calm.
嵐の後には凪がくる。

□□□
生起（せいき）
ある事件や現象などが現れ起こること。
心の中に生起する思い。
occurrence（オカーレンス）

□□□
辛酸（しんさん）
苦しくつらいこと。にがい経験。
実社会に出て初めて辛酸をなめる。
hardship（ハードシップ）

□□□
浮草稼業（うきくさかぎょう）
一つの場所に落ち着かない職業。
浮草稼業から抜け出したい。
unstable occupation（アンステーブル　オキュペーション）

□□□
四の五の（しのごの）
つべこべ言うさま。
四の五の言っている場合ではない。
grumbling（グランブリング）

□□□
惜別の情（せきべつのじょう）
別れを惜しむこと。
惜別の情を禁じ得ない。
sorrow at parting（ソロー　アット パーティング）

□□□
嚥下（えんか）
口の中の物を飲み下すこと。
にがい薬を嚥下する。
swallow（スワロー）

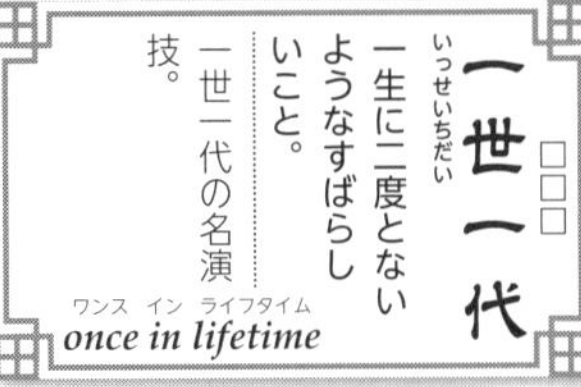

一世一代（いっせいちだい）□□□
一生に二度とないようなすばらしいこと。
一世一代の名演技。
once in lifetime（ワンス イン ライフタイム）

判別（はんべつ）□□□
はっきり見分けること。
ひよこの雄雌を判別する。
distinction（ディスティンクション）

疎開（そかい）□□□
空襲・火災などから逃れるため、地方へ移ること。
学童疎開が行われる。
evacuation（エヴァキュエーション）

夜もすがら（よもすがら）□□□
夜通し。
夜もすがら机に向かう。
all night（オール ナイト）

悪し様（あしざま）□□□
ことさらに悪く言うこと。
人をそんなに悪し様に言うものではない。
unfavourably（アンフェーヴァラブリー）

戦禍（せんか）□□□
戦争による被害。
激しい戦禍を被る。
war damages（ウォー ダメジェズ）

情けは人のためならず
なさけはひとのためならず □□□

人に情けをかけておけば、いつか自分のためになるということ。

A kindness is never lost.

親切は無駄にならない。

人倫（じんりん）□□□
人として守るべき道。
人倫にもとる卑劣な行為。
morality（モラリティー）

establishment
エスタブリッシュメント □□□
社会的に確立した制度や体制。
エスタブリッシュメント間の争い。

□□□
日参（にっさん）
毎日同じ場所へ出向くこと。
営業マンが客先に日参する。
visit daily（ヴィズィット デイリー）

□□□
玉砕（ぎょくさい）
全力で戦い、名誉を守って潔く死ぬこと。
戦闘隊が玉砕する。
honourable defeat（オナラブル ディフィート）

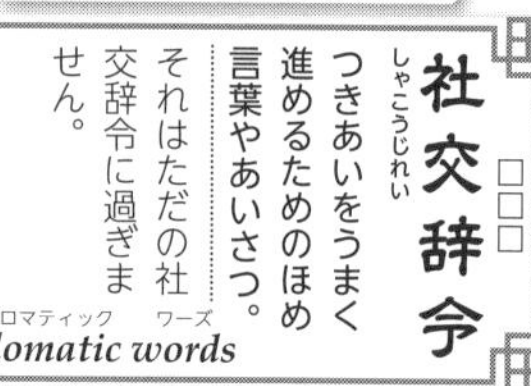

□□□
社交辞令（しゃこうじれい）
つきあいをうまく進めるためのほめ言葉やあいさつ。
それはただの社交辞令に過ぎません。
diplomatic words（ディプロマティック ワーズ）

□□□
衒い（てらい）
ひけらかすこと。
衒いがない文章。
affectation（アフェクテーション）

□□□
一枚岩（いちまいいわ）
しっかりまとまっている。
一枚岩の経営陣。
solidarity（ソリダリティー）

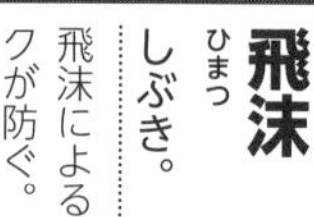

□□□
飛沫（ひまつ）
しぶき。
飛沫による感染をマスクが防ぐ。
splash（スプラッシュ）

□□□
徒然（つれづれ）
することがなくて退屈なこと。
読書をして病床の徒然をまぎらわす。
tediousness（ティディアスネス）

□□□
掌を指す（たなごころをさす）
極めて明らか、または正確なことのたとえ。
掌を指すほど明確な事実。
obvious（オヴィアス）

□□□
勘所（かんどころ）
物事の重要な部分。
勘所をはずさぬ解説。
critical spot（クリティカル スポット）

LEVEL 1 2 3

拮抗
きっこう
力がほぼ同じ者が対抗して張り合うこと。
双方の実力が拮抗している。
ライヴァルリー
rivalry

センチメンタル
sentimental
感じやすく涙もろいさま。
センチメンタルな気分になる。

如何にかかわらず
いかんにかかわらず
〜がどうであるかに関係なく。
理由の如何にかかわらずお断りだ。
リガードレス オブ
regardless of

頭取
とうどり
銀行などの社長。
都市銀行の頭取に就任する。
プリズィデント
president

八面六臂
はちめんろっぴ
何人分もの働き。
八面六臂の大活躍を見せる。
メニーサイディッド アクティヴィティーズ
many-sided activities

崇敬
すうけい
あがめ、敬うこと。
その偉人に崇敬の念を抱く。
ヴェネレーション
veneration

直喩
ちょくゆ
「ようだ」などの語を用いて例える方法。
「滝のような雨」は直喩表現だ。
スィミリー
simile

素地
そじ
もととなるもの。素質。
彼にはプログラマーとしての素地がある。
メーキングス
makings

ソーシャルワーカー
social worker
社会福祉事業に就いている人。
医療ソーシャルワーカー。

音に聞く
おとにきく
噂に聞く。有名である。
音に聞く名将。
フェイマス
famous

とらぬたぬきの皮算用

とらぬたぬきのかわざんよう

□□□

まだ手に入っていないものをあてにして、計画を立てること。

First catch your hare.

まずは、うさぎを捕まえなさい。

□□□

教鞭をとる

きょうべんをとる

教師になって学校で教えること。

私は今、母校で教鞭をとっています。

ティーチ
teach

□□□

傾聴

けいちょう

耳を傾けて、熱心に聞くこと。

傾聴に値する話だ。

リッスン　クロースリー
listen closely

□□□

鉱脈

こうみゃく

多くの金属が採れるところ。価値あるもののありか。

思わぬ鉱脈を掘り当てる。

ヴェイン
vein

□□□

懇懇

こんこん

親切に繰り返し説明するさま。

人々に懇懇と言って聞かせる。

リピーティッドリー
repeatedly

□□□

拿捕

だほ

捕らえること。

隣国の漁船が拿捕される。

キャプチャー
capture

□□□

synchronization

シンクロ

同時に起こること。

音と映像がシンクロしている。

□□□

分水嶺

ぶんすいれい

物事が決まる分かれ目。

ここでの決断が分水嶺となるだろう。

ウォーターシェッド
watershed

□□□

委細承知

いさいしょうち

全て承知している。

委細承知いたしました。

ノウ　オール　ザ　ディテイルズ
know all the details

LEVEL 1

□□□
脈々と
みゃくみゃくと
長く続いて絶えないさま。
古くから脈々と受け継がれてきた伝統芸。
コンティニュアスリー
continuously

□□□
起き抜け
おきぬけ
寝床から出たばかり。
起き抜けに散歩に出る。
ジャスト アウト オブ ベッド
just out of bed

□□□
ねんごろ
心がこもった。
お客様にねんごろなあいさつをした。
コーディアリティー
cordiality

□□□
万策尽きる
ばんさくつきる
あらゆる方法を試みたがうまくいかず、もはや他にとるべき方法がない。
考えられることは全てやったが効果がなく、ついに万策尽きた。
エグゾースト オール ミーンズ
exhaust all means

2

□□□
棟梁
とうりょう
大工の親方。
棟梁に最終判断を委ねる。
マスター カーペンター
master carpenter

□□□
収斂
しゅうれん
一点に集まること。ひきしまって縮むこと。
意見が収斂される。
アストリンジェンスィー
astringency

□□□
太平楽
たいへいらく
勝手なことを言ってのんきにしていること。
太平楽な暮らしぶりに甘んずる。
ハッピーゴーラッキー
happy-go-lucky

□□□
斜陽
しゃよう
夕日。衰えかかること。
かつての花形産業が斜陽になる。
ディクライニング
declining

3

□□□
間然
かんぜん
非難や批判されるような欠点のあること。
彼女の論理には間然する所がない。
ライアブル トゥ クリティスィズム
liable to criticism

common sense
コモンセンス
常識。
□□□
コモンセンスにやや欠ける人。

□□□
かすがい
人と人とをつなぎとめるもの。
子はかすがいとはよく言ったものだ。
クランプ
cramp

□□□
跋扈（ばっこ）
思うようにのさばること。
悪党たちが世に跋扈する。
ランパンスィー
rampancy

□□□
断腸の思い（だんちょうのおもい）
非常に苦しい気持ちや悲しい気持ちのこと。
断腸の思いで諦める。
エクストリーム アングイッシュ
extreme anguish

□□□
dilemma
ジレンマ
二つの選択肢から選ぶのが難しい状態。
激しいジレンマに陥る。

□□□
正攻法（せいこうほう）
正々堂々とした攻め方。
正攻法に立ち返る。
フロンタル アタック
frontal attack

□□□
含む所がある（ふくむところがある）
心の中に恨みや怒りをひそかにいだいている。
何か含む所があるような物言い。
ハーバー イル フィーリング
harbor ill feeling

□□□
蛍雪の功（けいせつのこう）
苦労しながら勉強した成果。
彼が若くして博士になれたのは、蛍雪の功があったからだ。
アチーヴメント オブ ハード スタディー
achievement of hard study

□□□
教示（きょうじ）
知識や方法などを教え示すこと。
御教示を賜りたい。
ティーチング
teaching

□□□
commit
コミット
かかわり合うこと。約束すること。
多くのプロがこの事業にコミットした。

□□□
御意（ぎょい）
目上の人を敬い、その「考え」をいう語。
御意にかないましたでしょうか。
ユア ウィル
your will

LEVEL 1 2 3

□□□
卓越
たくえつ
抜群に優れていること。

卓越したギターテクニック。

エクセレンス
excellence

□□□
書き入れ時
かきいれどき
商売が繁盛してもうかる時。

年末はデパートの書き入れ時だ。

プロフィットメーキング　スィーズン
profit-making season

きじも鳴かずば撃たれまい

きじもなかずばうたれまい

□□□

余計なことをしなければ、災難をまねくこともないということ。

Quietness is best, as the fox said when he bit the cock's head off.

雄鶏の頭を噛み切った狐が言ったように、静かにしているのが一番良い。

□□□
はべる
世話などをするためにに近くにひかえている。

主人のそばにはべる。

サーヴ
serve

□□□
藪睨み
やぶにらみ
見当はずれなこと。

藪睨みの批評。

ミスガイディッド
misguided

□□□
しかつめらしい
まじめくさっていて堅苦しい。

しかつめらしい顔をする。

スティフ
stiff

□□□
南船北馬
なんせんほくば
しょっちゅう各地を旅行すること。

南船北馬の一生にあこがれる。

インセサント　ジャーニー
incessant journey

□□□
節を曲げる
せつをまげる
自分の信念を曲げて人に従う。

節を曲げずに自己を貫き通す。

ディパート　フロム　プリンスィプルズ
depart from principles

□□□
来し方行く末
きしかたゆくすえ
過ごしてきた日々と、これから先の日々。

改めて来し方行く末を思う。

パスト　アンド　フューチャー
past and future

□□□
課金（かきん）
支払いを課すること。
手数料が課金される。
charging（チャージング）

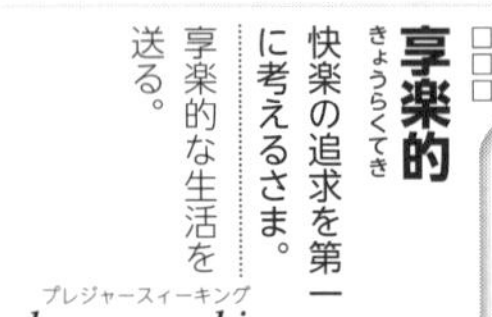

□□□
享楽的（きょうらくてき）
快楽の追求を第一に考えるさま。
享楽的な生活を送る。
pleasure-seeking（プレジャースィーキング）

□□□
通説（つうせつ）
世間一般に通用している説。
通説を頭から信じてしまう。
common opinion（コモン オピニオン）

□□□
正否（せいひ）
正しいか正しくないか。
対応の正否を判断する。
right or wrong（ライト オア ロング）

□□□
summit
サミット
責任者たちによる会議。
国際サミットが開催される。

□□□
世迷い言（よまいごと）
つまらない愚痴。
不可解な世迷い言を並べる。
grumbling（グランブリング）

□□□
活写（かっしゃ）
物事のありさまをいきいきと描き出すこと。
現代社会を活写したドラマ。
describe vividly（ディスクライブ ヴィヴィッドリー）

□□□
可及的（かきゅうてき）
できるだけ。
可及的速やかに対応して下さい。
as much as possible（アズ マッチ アズ ポスィブル）

□□□
襟を開く（胸襟を開く）（えりをひらく（きょうきんをひらく））
隠しだてせず、打ち明ける。
襟を開いて本音を語り合う。
open heart（オープン ハート）

□□□
容喙（ようかい）
横から口出しをすること。
君たちが容喙すべきことではない。
meddling（メドリング）

LEVEL 1

花鳥風月（かちょうふうげつ）

自然の美しさ。

花鳥風月を友として生涯を送る。

beautiful scenes of nature（ビューティフル スィーンズ オブ ネーチャー）

短絡（たんらく）

物事を簡単に考えて結論を出すこと。

この問題は、短絡的に結論を出してはいけない。

short circuit（ショート サーキット）

一事が万事（いちじがばんじ）

一つのことを見れば、他の全てがわかるということ。

弟は一事が万事その調子だ。

One instance shows all.（ワン インスタンス ショーズ オール）

LEVEL 2

多事多難（たじたなん）

困難が絶えないこと。

多事多難な一年がようやく終わる。

full of troubles（フル オブ トラブルズ）

風物詩（ふうぶつし）

その季節の感じをよく表しているもの。

季節の風物詩を楽しむ。

seasonal tradition（スィーズナル トラディション）

役不足（やくぶそく）

その人の力に対し、与えられた役目が軽すぎること。

彼にとって副会長は役不足だ。

worthy of better role（ワースィー オブ ベター ロール）

申し送る（もうしおくる）

相手に伝えること。

メールで注意点を申し送る。

pass message（パス メッセッジ）

LEVEL 3

韜晦（とうかい）

自分の本心や才能や地位などをつつみ隠すこと。

かたくなな自己韜晦。

self-concealment（セルフコンスィールメント）

ペダンチック

pedantic

学問や知識をひけらかすさま。

ペダンチックで中身のない解説。

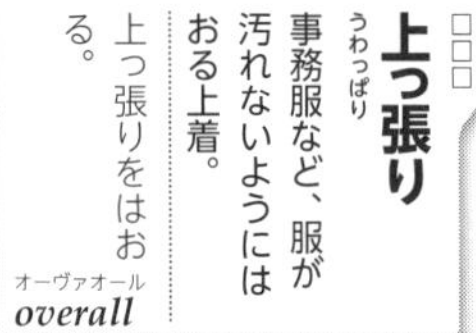

上っ張り（うわっぱり）

事務服など、服が汚れないようにはおる上着。

上っ張りをはおる。

overall（オーヴァオール）

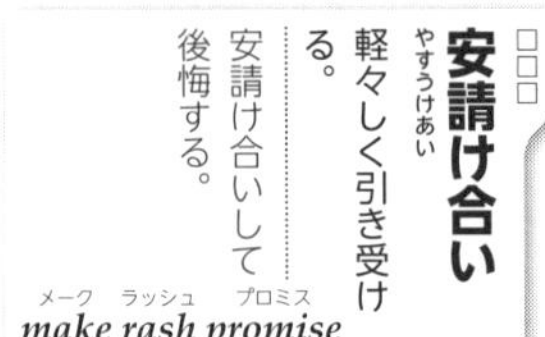

安請け合い（やすうけあい）

軽々しく引き受ける。

安請け合いして後悔する。

make rash promise（メーク ラッシュ プロミス）

泣く子と地頭には勝てぬ

なくことじとうにはかてぬ

わからない者には話が通じないから、無理を言われても従うしかないということ。

The crying child and my lord will have their own ways.

泣く子と殿様は思いを通す。

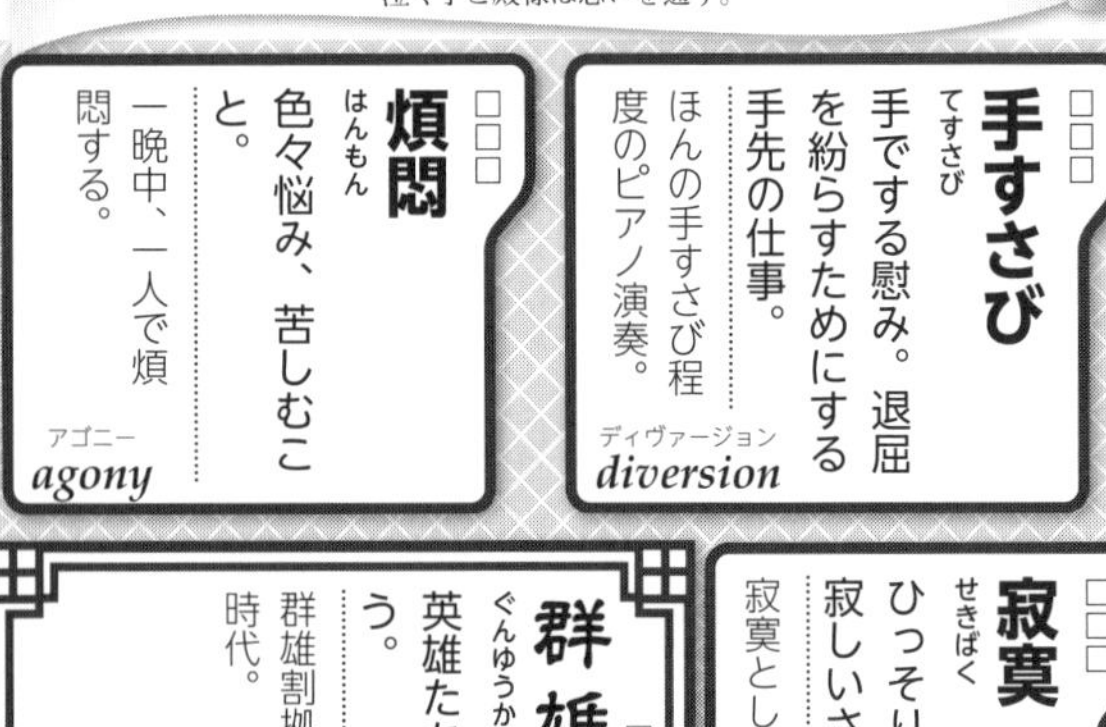

手すさび（てすさび）

手でする慰み。退屈を紛らすためにする手先の仕事。

ほんの手すさび程度のピアノ演奏。

diversion（ディヴァージョン）

煩悶（はんもん）

色々悩み、苦しむこと。

一晩中、一人で煩悶する。

agony（アゴニー）

寂寞（せきばく）

ひっそりとして寂しいさま。

寂寞とした街角。

loneliness（ロンリネス）

群雄割拠（ぐんゆうかっきょ）

英雄たちが争う。

群雄割拠の戦国時代。

rivalry between warlords（ライヴァルリー ビトウィーン ウォーローズ）

nanotechnology

ナノテクノロジー

ナノ（10億分の1）メートルの精度を扱う技術。

著しいナノテクノロジーの進歩。

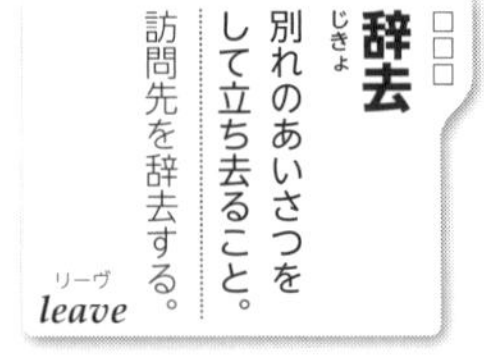

辞去（じきょ）

別れのあいさつをして立ち去ること。

訪問先を辞去する。

leave（リーヴ）

LEVEL 1

蝶よ花よ
ちょうよはなよ

子どもを非常にかわいがり、大切にするたとえ。

蝶よ花よと育てられた次女。

like princess（ライク プリンセス）

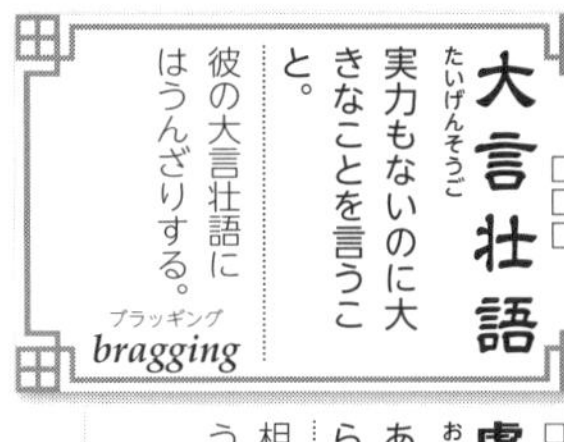

否む
いなむ

断る。否定する。

彼女の提案を否むことはできない。

refuse（リフューズ）

慮る
おもんぱかる

あれこれ思いめぐらす。

相手の立場を慮ろう。

consider（コンスィダー）

2

轍を踏む
てつをふむ

前の人の失敗を繰り返すたとえ。

兄と同じ轍を踏まないようにする。

repeat someone's mistake（リピート サムワンズ ミステーク）

面罵
めんば

面と向かってののしること。

みんなの前で面罵される。

abuse（アビューズ）

翻意
ほんい

決意を変えること。

思いがけない人物が翻意する。

change mind（チェンジ マインド）

企図
きと

あることをくわだてること。

経営再建を企図する。

attempt（アテンプト）

3

宮仕え
みやづかえ

官庁・会社などに勤めること。

宮仕えに飽き飽きする。

court service（コート サーヴィス）

巨視的
きょしてき

全体を大きくとらえること。

巨視的に世界をとらえる。

macroscopic（マクロスコピック）

□□□
脱兎のごとく（だっとのごとく）
ものすごく素早い様子。
子どもたちはお菓子を貰うと、脱兎のごとく走っていった。
ウィズ ライトニング スピード
with lightning speed

□□□
老婆心（ろうばしん）
必要以上なおせっかい。
老婆心ながら、このことだけは伝えたい。
コンサーン
concern

□□□
跡目（あとめ）
後を引き継ぐ者。跡取り。
経営トップの跡目を争う。
サクセサー
successor

□□□
通年（つうねん）
一年じゅう行うこと。
当店は通年営業しています。
オール イヤー
all year

□□□
免罪符（めんざいふ）
罪や責めをまぬがれるためのもの。
経験不足を免罪符にする。
インダルジェンス
indulgence

□□□
意気阻喪（いきそそう）
意気込みがくじけ、弱ること。
落第して意気阻喪する。
ディプレッション
depression

□□□
施工（せこう）
工事を実施すること。
予定に沿って工事を施工する。
コンストラクション
construction

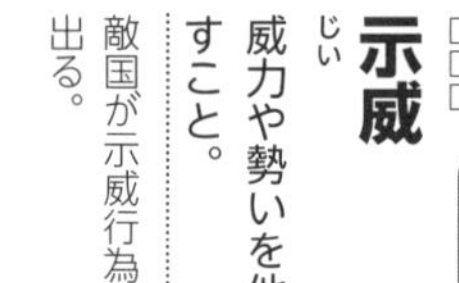

□□□
示威（じい）
威力や勢いを他に示すこと。
敵国が示威行為に出る。
デモンストレート
demonstrate

□□□
蓋し（けだし）
思うに。つまり。
正解は蓋し彼の言う通りだろう。
アフター オール
after all

□□□
薄志弱行（はくしじゃっこう）
意志が弱く行動力に欠けているさま。
自分の薄志弱行が周囲を混乱させている。
ウィークウィルド
weak-willed

LEVEL 1

□□□
一隅（いちぐう）
かたすみ。

世界の一隅を照らす光。

a corner（ア　コーナー）

□□□
ご多分に漏れず（ごたぶんにもれず）
他の大部分と同じように。

ご多分に漏れず、わが社も不景気だ。

unexceptionally（アンエクセプショナリー）

□□□
潔しとしない（いさぎよしとしない）
自分の良心や誇りが許さない。

人からの支援を潔しとしない。

too proud to（トゥー　プラウド　トゥー）

□□□
通過儀礼（つうかぎれい）
一生のうちの重要な節目に行われる儀礼。

古くから続く通過儀礼。

rite of passage（ライト　オブ　パッセージ）

2

□□□
中庸（ちゅうよう）
偏らずほどよいこと。

物事には中庸の精神が大事だ。

moderation（モデレーション）

□□□
外在（がいざい）
ある物事の外部にあること。

外在するもう一つの原因。

external（エクスターナル）

□□□
唾棄すべき（だきすべき）
非常に軽蔑して嫌うこと。

唾棄すべき言動。

dispicable（ディスピカブル）

□□□
fascism
ファシズム
極端な愛国・独裁主義。

ナチスによるファシズム。

3

□□□
rhapsody
ラプソディー
狂詩曲（自由な形式で民族的な内容などを表現した楽曲）。

ラプソディーに聴き入る。

□□□
自恃（じじ）
自分自身をたのみとすること。自負。

自恃の念を保つ。

self-reliance（セルフリライアンス）

エキスパート

expert

専門家。名人。

彼らは広告宣伝のエキスパートだ。

胸を借りる（むねをかりる）

自分より強い者に、練習の相手になってもらう。

先輩の胸を借りて稽古をつけた。

allowed to practice with partner of higher skill（アラウド トゥ プラクティス ウィズ パートナー オブ ハイヤー スキル）

暗転（あんてん）

物事が悪い方に転じること。

事態が暗転する。

change for worse（チェインジ フォー ワース）

自堕落（じだらく）

行いや態度などにしまりがなく、だらしないこと。

その自堕落な生活から抜け出して下さい。

decadence（デカダンス）

つとに

ずっと以前から。

つとに名を世に知られている作家。

from long ago（フロム ロング アゴー）

質実剛健（しつじつごうけん）

飾り気がなく、体も心も強くてたくましいこと。

質実剛健の人。

simplicity and fortitude（シンプリスィティー アンド フォーティチュード）

先覚（せんかく）

人より先に物事を悟ること。

先覚者。

leading spirit（リーディング スピリット）

老いの一徹（おいのいってつ）

老人が、自分の決めたことをどこまでも押し通して、他人の意見を聞こうとしないこと。

父の老いの一徹に困らされる。

stubbornness of old man（スタバーンネス オブ オールド マン）

イデア、イデー

idea

理想。

プラトンによる「イデア論」。

傾注（けいちゅう）

一つのことに専念して力を注ぐ。

この作業に全精力を傾注する。

concentration（コンセントレーション）

LEVEL 1

転用（てんよう）
本来とは違った目的にあてること。
食費を雑誌代に転用する。
use for another purpose（ユーズ フォー アナザー パーパス）

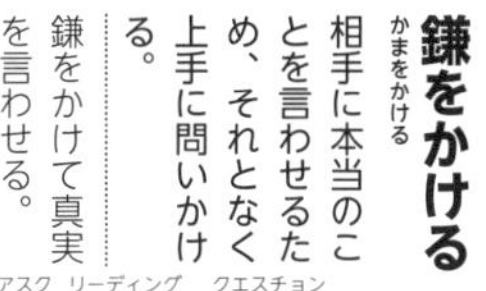

鎌をかける（かまをかける）
相手に本当のことを言わせるため、それとなく上手に問いかける。
鎌をかけて真実を言わせる。
ask leading question（アスク リーディング クエスチョン）

歪曲（わいきょく）
事実をゆがめること。
勝手に歪曲化されたイメージ。
distortion（ディストーション）

俄仕込（にわかじこみ）
間に合わせに急いで覚える。
俄仕込の英会話。
hastily acquired（ヘイスティリー アクアイヤード）

2

買い手市場（かいてしじょう）
買い手が売り手に対して有利な立場に立っている市場。
不景気のため買い手市場が続く。
buyer's market（バイヤーズ マーケット）

筋交い（すじかい）
斜めに交わること。
交差点を隔てて筋交いにあるビル。
diagonal（ダイアゴナル）

末枯れる（うらがれる）
冬が近づき、草木が枯れる。
末枯れた森林の道を歩く。
die down（ダイ ダウン）

monologue
モノローグ
独り言のせりふ。
劇中に長いモノローグがある。

3

錯雑（さくざつ）
様々なものが見分けがつかないほどに入りまじっているさま。
錯雑した政治情勢。
complication（コンプリケーション）

詮無い（せんない）
仕方ない。無駄である。
詮無いことと諦めてしまう。
unavoidable（アンアヴォイダブル）

□□□
肩入れ
かたいれ

ひいきすること。

千葉のチームに肩入れする。

サポート
support

□□□
彷彿とさせる
ほうふつとさせる

ありありと思い出させること。

かつての名選手を彷彿とさせるプレーだ。

クロース　リメンブランス
close remembrance

□□□
決壊
けっかい

堤防などが切れて崩れること。

ダムが決壊する。

コラップス　オブ　ダム
collapse of dam

□□□
略式
りゃくしき

正式な手続きを一部省略して、簡単にしたやり方。

略式の服装で出席する。

インフォーマリティー
informality

□□□
屹立
きつりつ

高くそびえ立つこと。

都心に屹立するビル群。

ソアー　アップ
soar up

□□□
事寄せる
ことよせる

言い訳にする。

多忙に事寄せて会を欠席する。

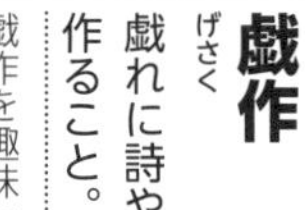

オン　プリテクスト
on pretext

□□□
来歴
らいれき

物事のそれまで経てきた道。

外国人選手の来歴を調べる。

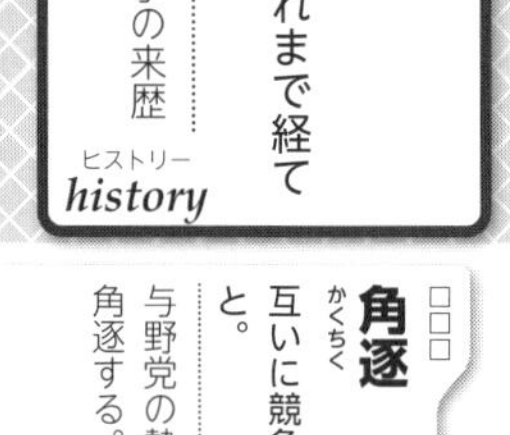

ヒストリー
history

□□□
戯作
げさく

戯れに詩や文を作ること。

戯作を趣味とする。

ライティング　フォー　アミューズメント
writing for amusement

□□□
角逐
かくちく

互いに競争すること。

与野党の勢力が角逐する。

コンペティション
competition

□□□
桎梏
しっこく

自由を束縛するもの。

因襲の桎梏から逃れられない。

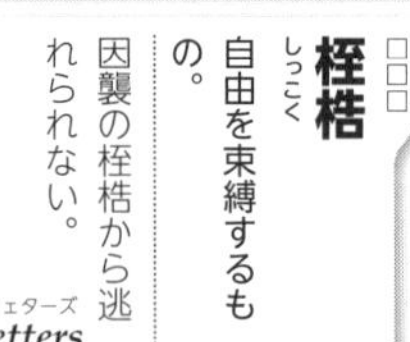

フェターズ
fetters

LEVEL 1 2 3

□□□
乖離
かいり

背き離れること。関連性がなくなること。

理想と現実が乖離している。

エイリエーション
alienation

□□□
欠損
けっそん

物の一部が欠けてなくなること。

器物が欠損する。

ディフェクト
defect

□□□
禍福はあざなえる縄のごとし
かふくはあざなえるなわのごとし

幸せと不幸は縄のように入れ替わりながらやってくるものだ。

Every cloud has a silver lining.

どの雲にも銀の裏地がついている。

□□□
希代
きたい

世にまれであること。

希代の名優。

アンコモン
uncommon

□□□
狂奔
きょうほん

夢中になり、走り回る。

参加者集めに狂奔する。

ラッシング アラウンド
rushing around

paradox
パラドックス
□□□

逆説。真理に背いているように見えて、実は正しい一面を示している表現。

パラドックスに満ちた論理。

□□□
含蓄
がんちく

深い意味や味わいがあること。

その言葉は含蓄に富んでいる。

インプリケーション
implication

□□□
他聞を憚る
たぶんをはばかる

他人に聞かれては困る。

他聞を憚る重要な話。

コンフィデンシャル
confidential

□□□
充溢
じゅういつ

満ちあふれること。

闘争心が充溢している。

オーヴァーフロー
overflow

唯一無二
ゆいいつむに

□□□

たった一つの。

子どもたちの健康が、唯一無二の願いだ。

one and only（ワン アンド オンリー）

物故
ぶっこ

□□□

人が死ぬこと。

昨年物故した有名人。

death（デス）

事象
じしょう

□□□

出来事や現象。

現代社会特有の事象。

phenomenon（フェノメノン）

研鑽
けんさん

□□□

学問などを深く究めること。

研鑽を積んで知識を深める。

self-improvement（セルフインプルーヴメント）

インカム
income

□□□

収入。

ダブルインカムとは、共稼ぎのことだ。

ろうあ

□□□

耳の聞こえないこと、言葉を話せないこと。

全日本ろうあ連盟の活動を知る。

deaf and dumb（デフ アンド ダム）

遺漏
いろう

□□□

大切な事が抜け落ちていること。

遺漏のないように書類をまとめる。

omission（オミッション）

紺屋の白袴
こうやのしろばかま

□□□

他人のためにばかり働き、自分のことに手が回らないこと。

The tailor's wife is worst clad.

仕立屋の妻は最もひどい服を着る。

LEVEL

□□□
語弊
ごへい

ふさわしくない言葉による悪影響。

語弊がある言い方。

ミスリーディング
misleading

offer
オファー

□□□

提示。申し込み。

好条件のオファーを受ける。

□□□
いいなずけ

結婚の約束をしている相手。

彼女はぼくのいいなずけだ。

フィーアンセイ
fiancé(e)

□□□
有り体
ありてい

ありのままのさま。実際

有り体に言えば、大きな期待はしていない。

プレインリー
plainly

1

□□□
豪気
ごうき

強く勇ましい気性。

豪気な振る舞いが脚光を浴びる。

ブレイヴ
brave

□□□
門外不出
もんがいふしゅつ

大事にしまって持っていること。

門外不出のレシピ。

ネヴァー オフ プレミスィズ
never off premises

□□□
矯めつ眇めつ
ためつすがめつ

じっくり見る。

花瓶を矯めつ眇めつ眺める。

ルック クロースリー
look closely

□□□
まなじりを決する
まなじりをけっする

目を大きく見開く。怒ったり、決意したりするさま。

まなじりを決して立ち向かう。

オープン アイズ ワイドリー
open eyes widely

2

□□□
弁証法
べんしょうほう

対話・弁論の技術。

ヘーゲルの弁証法を研究する。

ダイアレクティック
dialectic

□□□
無双
むそう

並ぶものがないほど優れていること。

天下無双の強豪。

マッチレス
matchless

3

□□□
物憂い（ものうい）
気分が晴れない様子。
梅雨時は、物憂い日々が続く。
ラングウイッド
languid

□□□
逼迫（ひっぱく）
差し迫ること。貧乏。
財政が逼迫する。
イミネンス
imminence

□□□
門前の小僧習わぬ経を覚える
もんぜんのこぞうならわぬきょうをおぼえる

日頃から聞いたりしているものは、いつのまにか覚えてしまうということ。

A saint's maid quotes Latin.
聖人の家のメイドは、ラテン語を引用する。

□□□
泥船（どろぶね）
泥の船。すぐだめになりそうな組織や計画。
経営難で会社が泥船と化す。
マッド　ボート
mud boat

□□□
百出（ひゃくしゅつ）
種々のものが次々に多く現れること。
予期せぬ問題が百出する。
アライズ　イン　グレート　ナンバーズ
arise in great numbers

□□□
言い立てる（いいたてる）
強調して言う。
人の失敗を言い立てるのは良くない。
インスィスト
insist

□□□
叩き台（たたきだい）
もとになる案。
この案を叩き台にして作品を仕上げる。
ドラフト
draft

□□□
面従腹背（めんじゅうふくはい）
服従しているように見せて、心の中で反抗すること。
家臣の面従腹背に気が付かない。
トゥ　フェイスト
two-faced

□□□
剣突を食わせる（けんつくをくわせる）
荒々しくしかりつける。
上司が部下に剣突を食わせる。
バースト　アウト　イン　アンガー
burst out in anger

功徳（くどく）
幸福をもたらす良い行い。

功徳を積む。

ヴァーチャス　ディード
virtuous deed

心象風景（しんしょうふうけい）
心の中に浮かんだ情景や場面。

心象風景をつぶさに表現した作品。

イマジンド　スィーナリー
imagined scenery

断罪（だんざい）
罪をさばくこと。

責任者を断罪する。

ジャッジメント
judgment

間尺に合わない（ましゃくにあわない）
割に合わない。損になる。

間尺に合わない商売。

ダズ　ノット　ペイ
does not pay

朝令暮改（ちょうれいぼかい）
命令や指示がすぐに変わってしまうこと。

朝令暮改がひんぱんなため、混乱してしまう。

インコンスィステンスィー
inconsistency

土俗（どぞく）
その土地の住民。その土地の風俗。

土俗的な物語。

ローカル　カスタムズ
local customs

惜しむらくは（おしむらくは）
残念なことには。

優れた選手だが、惜しむらくは協調性に欠ける。

リグレット　ザット
regret that ～

妄執（もうしゅう）
心の迷いから生まれる強い執念。

妄執にとらわれて抜け出せなくなる。

ディープ　ルーティッド　ディルージョン
deep-rooted delusion

頤（おとがい）
下あご。あご。

突き出た頤。

チン
chin

帰納（きのう）
特殊な事から一般的な法則などを見出すこと。

いくつかの事実から結論が帰納された。

インダクション
induction

1 2 3

□□□
高騰（こうとう）
物価などがひどく上がること。
異常気象で、野菜の値段が高騰している。
high increase（ハイ インクリース）

□□□
大仰（おおぎょう）
大げさなこと。
彼女の話はいつも大仰だ。
exaggeration（エグザジュレーション）

□□□
ごうつくばり
非常に欲張りで強情なこと。
ごうつくばりな男。
stubbornness（スタバーネス）

□□□
おもねる
他人のきげんをとる。
権力者におもねる人。
flatter（フラッター）

□□□
所作（しょさ）
振る舞い。しぐさ。
おおげさな所作が目につく役者。
gesture（ジェスチャー）

□□□
泥を塗る（どろをぬる）
面目を失わせる。恥をかかせる。
のれんに泥を塗る。
disgrace（ディスグレース）

□□□
人海戦術（じんかいせんじゅつ）
多人数で物事に対処すること。
人海戦術を使った販売戦略。
human-wave tactics（ヒューマン ウェーヴ タクティクス）

□□□
無体（むたい）
無理。
とんだ無体を強いられる。
unreasonable（アンリーズナブル）

□□□
恭順（きょうじゅん）
命令につつしんで従う態度をとること。
殿に恭順の意を示す。
allegiance（アリージャンス）

□□□
疾風怒濤（しっぷうどとう）
激しく吹く風と、激しく打ち寄せる大波。
疾風怒濤の荒れ狂う海へ乗り出す。
storm and stress（ストーム アンド ストレス）

LEVEL 1

□□□
小春日和
こはるびより

冬のはじめの、春のように暖かい日。

うららかな小春日和。

インディアン サマー
Indian summer

□□□
下戸
げこ

酒の飲めない人。

私の父は下戸です。

ノンドリンカー
nondrinker

□□□
謳歌
おうか

喜びや幸福を遠慮なく表すこと。

青春を謳歌する。

エグゾールテーション
exaltation

□□□
慰労
いろう

慰めねぎらうこと。

頑張ったスタッフたちを慰労する。

コンソレーション
consolation

2

後足で砂をかける
あとあしですなをかける

□□□

人から受けた恩に報いるどころか、裏切ること。

Turn back on one.

背を向ける。

□□□
鑑みる
かんがみる

他と比べあわせて考える。

諸条件を鑑みて判断する。

ヒード
heed

□□□
苦言
くげん

本人のためを思い、注意する言葉。

見るに見かねて、苦言を呈する。

キャンディッド アドヴァイス
candid advice

3

□□□
尾羽打ち枯らす
おはうちからす

落ちぶれて、みすぼらしい様子になる。

今では尾羽打ち枯らした、かつての侍。

イン ミゼラブル ステート
in miserable state

□□□
脂下がる
やにさがる

得意げににやにやする。

脂下がった顔つきをする。

グリン
grin

外発
がいはつ
外からの刺激。
外発的な動機付けが必要だ。
エクストリンズィック
extrinsic

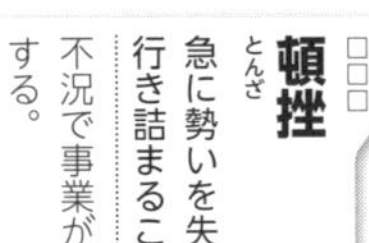

頓挫
とんざ
急に勢いを失う。行き詰まること。
不況で事業が頓挫する。
セットバック
setback

怨恨
えんこん
恨み。
怨恨による殺人事件。
グラッジ
grudge

勧善懲悪
かんぜんちょうあく
善をすすめ、悪をこらしめること。
この物語の内容は、勧善懲悪に徹している。
エンカレッジ グッド アンド ディスカレッジ イーヴル
encourage good and discourage evil

話し上手の聞き下手
はなしじょうずのききべた
話がうまい人は、逆に聞くのは下手なものだ。
兄は典型的な話し上手の聞き下手だ。
グッド トーカー バット プアー リスナー
good talker, but poor listener

堆積
たいせき
積み重ねること。
土砂が堆積する。
アキューミュレーション
accumulation

掃き溜めに鶴
はきだめにつる
つまらない所に、そこに似合わぬ優れたものがあること。
a jewel in a dunghill
こやしの中の宝石。

天与
てんよ
天の与えるもの。
天与の才に恵まれる。
ゴッドセント
god-sent

ideology
イデオロギー
政治的・社会的な思想。
党のイデオロギーに変化が見られる。

LEVEL 1

□□□
御す（ぎょす）
他人を自分の思い通りに動かす。
御しやすい相手ではない。
master（マスター）

wit
ウイット
□□□
気の利いたことをさっと言うことが出来る才能。機知。
彼女はウイットに富んだ女性です。

□□□
変容（へんよう）
姿や形が変わること。
街がめまぐるしく変容する。
change（チェンジ）

□□□
伊達男（だておとこ）
人目を引く、しゃれた身なりの男。
おしゃれに隙がない伊達男。
dandy（ダンディー）

LEVEL 2

□□□
開闢（かいびゃく）
天地のはじめ。
開闢以来の大事件。
beginning（ビギニング）

□□□
砂上の楼閣（さじょうのろうかく）
実現不可能なことのたとえ。
砂上の楼閣とも言える突飛な提案。
castle on sand（キャスル　オン　サンド）

□□□
一気呵成（いっきかせい）
一息に成しとげる。
彫刻を一気呵成に仕上げる。
at a stroke（アット　ア　ストローク）

□□□
楚々とした（そそとした）
清らかで美しいさま。
楚々とした人に心ひかれる。
graceful（グレースフル）

LEVEL 3

□□□
薄紙をはぐよう（うすがみをはぐよう）
病気などが、日ごとに少しずつ良くなっていくさま。
祖母は薄紙をはぐように回復している。
recover gradually（リカヴァー　グラジュアリー）

□□□
歌枕（うたまくら）
和歌に詠まれて有名になった各地の名所・旧跡。
昔から歌い継がれた歌枕。
poetical subject（ポエティカル　サブジェクト）

□□□
しだく
形を壊したり、状態を乱したりする。
割れたガラスを踏みしだく。
クラッシュ
crush

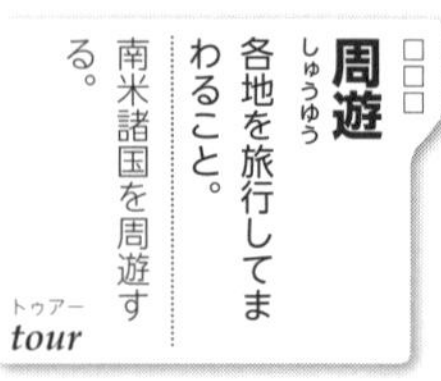
□□□
周遊（しゅうゆう）
各地を旅行してまわること。
南米諸国を周遊する。
トゥアー
tour

□□□
烏合の衆（うごうのしゅう）
まとまりなく、集まった人々。
こんな烏合の衆のようなチームでは勝てない。
モッブ
mob

□□□
お仕着せ（おしきせ）
上の方から一方的に与えられること。
お仕着せのルールでは効果が出ない。
インヴォランタリー　アクイズィション
involuntary acquisition

□□□
造反（ぞうはん）
反体制運動。権力を批判すること。
青年将校たちの造反。
レベリオン
rebellion

□□□
糜爛（びらん）
ただれること。
欲にまみれて糜爛した街。
エロージョン
erosion

□□□
巧言令色（こうげんれいしょく）
心にもない態度で人にこびへつらうこと。
巧言令色で誠意が感じられない。
フラタリー
flattery

□□□
神通力（じんつうりき）
超人的な能力。
神通力を発揮する。
スーパーナチュラル　パワー
supernatural power

□□□
批准（ひじゅん）
すでに内容の確定した条約を、国家機関が最終同意すること。
主要国間で通商条約が批准される。
ラティファイ
ratify

radical
ラジカル
過激なさま。極端なさま。□□□
ラジカルな考え。

LEVEL 1 2 3

下手の横好き
へたのよこずき

□□□

下手なくせに、そのことが好きで熱心なこと。

being crazy about something but being very bad at it
大変熱中しているが、下手である。

□□□
下々
しもじも
身分や地位の低い人々。庶民。
下々の事情を知らない王。
ロワークラス ピープル
lower-class people

□□□
露見
ろけん
悪事などがばれること。
悪事が露見する。
ディスクロージャー
disclosure

□□□
上梓
じょうし
書物を出版すること。
初のエッセイ集を上梓する。
パブリケーション
publication

□□□
ちょうちん持ち
ちょうちんもち
ある人の手先となり、その人をほめてまわること。
社長のちょうちん持ち。
フラッタラー
flatterer

□□□
眼鏡にかなう
めがねにかなう
目上の人に認められること。
社長の眼鏡にかなった人材。
ウィンフェーヴァー
win favor

□□□
引導を渡す
いんどうをわたす
最後の一言を言ってあきらめさせる。
遂に彼女に引導を渡される。
ギヴ ファイナル ワード
give final word

□□□
堅忍不抜
けんにんふばつ
我慢強い。
堅忍不抜の態度を貫く。
パーセヴェランス
perseverance

□□□
接ぎ穂
つぎほ
とぎれた話を続けようとする時のきっかけ。
話の接ぎ穂を失ってしまう。
トピック トゥ キープ カンヴァーセーション
topic to keep conversation

□□□ 心服（しんぷく）

心から尊敬して従うこと。

偉大な恩師に心服する。

respect（リスペクト）

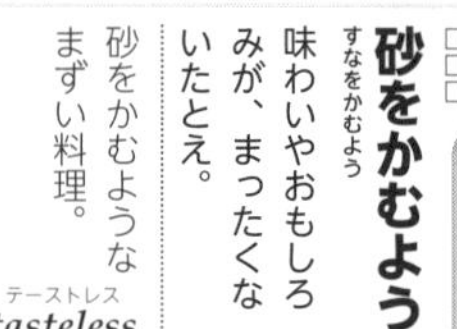

□□□ 砂をかむよう（すなをかむよう）

味わいやおもしろみが、まったくないたとえ。

砂をかむようなまずい料理。

tasteless（テーストレス）

□□□ 氏素性（うじすじょう）

生まれや家柄。

氏素性も知れない男。

origin（オリジン）

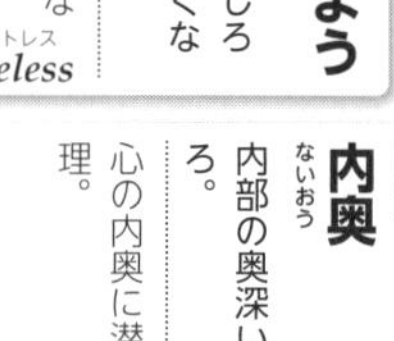

□□□ 内奥（ないおう）

内部の奥深いところ。

心の内奥に潜む心理。

depths（デプス）

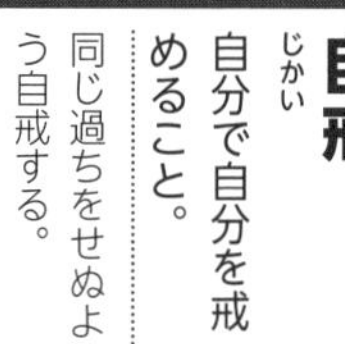

□□□ 自戒（じかい）

自分で自分を戒めること。

同じ過ちをせぬよう自戒する。

self-discipline（セルフ ディスィプリン）

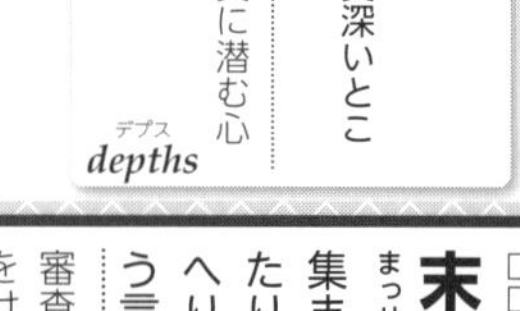

□□□ 末席をけがす（まっせきをけがす）

集まりなどに出席したりすることを、へりくだっていう言い方。

審査委員会の末席をけがす。

attend meeting（アテンド ミーティング）

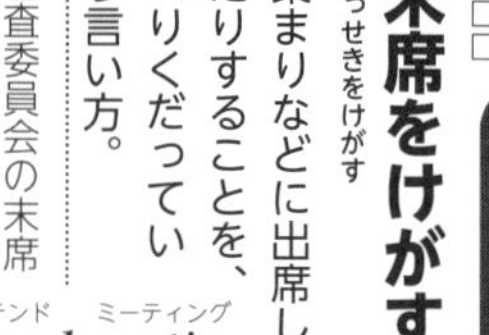

□□□ 地獄の沙汰も金次第

じごくのさたもかねしだい

この世は全て金が力を示すというたとえ。

Money talks.

金がものを言う。

□□□ 寧日（ねいじつ）

穏やかで無事な日。

寧日なき多忙な日々。

peaceful day（ピースフル ディ）

□□□ 大上段（だいじょうだん）

相手を威圧する態度。

権威を大上段に振りかざす。

high-handed attitude（ハイ ハンディッド アティチュード）

□□□
磨滅（まめつ）
擦り減ってなくなること。
ブーツの底が磨滅する。
worn out（ウォーン アウト）

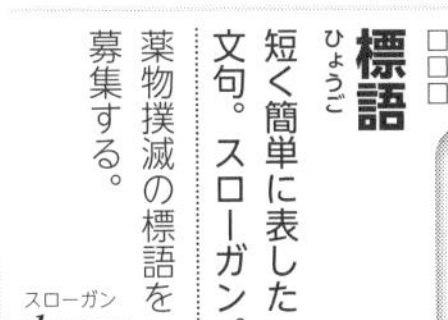

□□□
標語（ひょうご）
短く簡単に表した文句。スローガン。
薬物撲滅の標語を募集する。
slogan（スローガン）

□□□
鉄面皮（てつめんぴ）
恥知らずであつかましいこと。
息をするようにうそをつく、鉄面皮な男。
shameless（シェームレス）

□□□
瓦解（がかい）
組織などが崩れてだめになってしまうこと。
長期政権が瓦解する。
collapse（コラプス）

□□□
固辞（こじ）
かたく辞退すること。
部長就任を固辞する。
refuse（リフューズ）

□□□
不世出（ふせいしゅつ）
めったに世に現れないほど優れていること。
黒澤明は、日本が誇る不世出の映画監督だ。
rarely born（レアリィ ボーン）

□□□
糊口を凌ぐ（ここうをしのぐ）
やっと暮らしを立てる。
肉体労働で糊口を凌ぐ。
live from hand to mouth（リヴ フロム ハンド トゥ マウス）

□□□
無為徒食（むいとしょく）
働かないで遊び暮らすこと。
無為徒食な日々を送る。
idle time away（アイドル タイム アウェー）

pathos
パトス
(理性に対して) 感情。□□□
熱いパトスを胸に秘める。

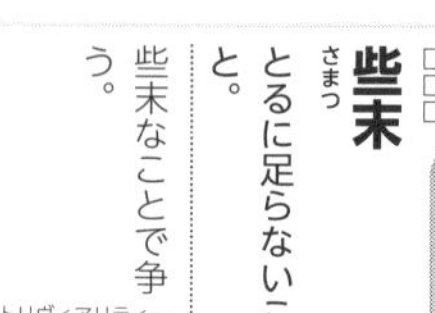

千変万化（せんぺんばんか）□□□
色々に変わること。
空の様子は千変万化する。
diverse changes（ダイヴァーズ チェンジズ）

些末（さまつ）□□□
とるに足らないこと。
些末なことで争う。
triviality（トリヴィアリティー）

いざなう □□□
さそう。相手に勧める。
旅にいざなう。
call for（コール フォー）

目算（もくさん）□□□
だいたいの見当。
来場者数を目算する。
estimate（エスティメイト）

快哉（かいさい）□□□
大変愉快であること。
思わず快哉を叫ぶ。
cry of joy（クライ オブ ジョイ）

cynical
シニカル □□□
皮肉な態度をとるさま。
シニカルな笑みを浮かべる。

世知（せち）□□□
世間を生きる知恵。
あの男はかなり世知にたけている。
worldly wisdom（ワールドリー ウィズダム）

胆力（たんりょく）□□□
物事に簡単に驚いたり恐れたりしない気力。
胆力を鍛え上げる。
courage（カレッジ）

耳順（じじゅん）□□□
六十歳のこと。
耳順の境地に達する。
age sixty（エイジ スィクスティ）

hybrid
ハイブリッド □□□
異種のものを組み合わせたもの。
ハイブリッドカー。

おもむろに

静かに、ゆっくりと。徐々に。

彼はおもむろに話し始めた。

slowly（スロウリー）

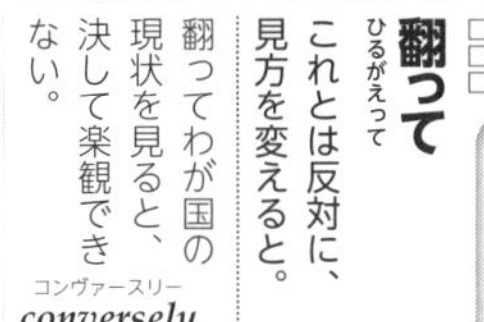

翻って（ひるがえって）

これとは反対に、見方を変えると。

翻ってわが国の現状を見ると、決して楽観できない。

conversely（コンヴァースリー）

足元から鳥が立つ

あしもとからとりがたつ

身近なところで、思いがけないことが起こること。

Many things happen unlooked for.

意外なことがよく起きるものである。

年寄りの冷や水（としよりのひやみず）

老人が年齢にふさわしくない無茶な振る舞いをすること。

年寄りの冷や水でフルマラソンに挑戦する。

old man's indiscretion（オールド マンズ インディスクレション）

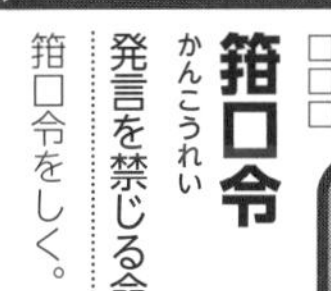

箝口令（かんこうれい）

発言を禁じる命令。

箝口令をしく。

gag law（ギャグ ロー）

果たせるかな（はたせるかな）

思っていたとおり。

果たせるかな決勝まで勝ち進んだ。

as expected（アズ エクスペクティッド）

論駁（ろんぱく）

相手の論を言い負かすこと。

あっさりと論駁されてしまう。

refutation（レフュテーション）

時宜を得る（じぎをえる）

ちょうど良い時。

時宜を得た企画。

well-timed（ウェルタイムド）

一言居士（いちげんこじ）

何事か言いたい人。

父は骨董品に関しては一言居士だ。

vociferous person（ヴォスィフェラス パーソン）

賽は投げられた

さいはなげられた

事は始まっているのだから、迷わず突き進むべきだということ。

The dice is cast.

賽は既に投げられた。

推して知るべし

おしてしるべし

推測すれば簡単にわかる。

この件に関しては推して知るべしだ。

イーズィリー ゲスト
easily guessed

ビジョン

vision

将来に対する考えや見通し。

国民が納得できるビジョンを掲げる。

悪風

あくふう

悪い風習。

知らぬ内に悪風に染まる。

バッド カスタム
bad custom

言い値

いいね

売る側が決めたままの値段。

家を言い値で買う。

アスキング プライス
asking price

壊疽

えそ

細胞が死んだ状態から、感染などのためにさらに悪化したもの。

壊疽が進んでいるため手術が必要だ。

ギャングリーン
gangrene

委細

いさい

詳しいこと。

委細はメールでお伝えします。

ディテール
detail

顕現

けんげん

はっきりと姿を現すこと。

救世主の顕現。

マニフェステーション
manifestation

茫洋

ぼうよう

広々として限りのないさま。

茫洋たる大海原。

ヴァストネス
vastness

□□□
徒労（とろう）
何にもならない苦労。
せっかく努力したが徒労に終わった。
ユースレス トイル
useless toil

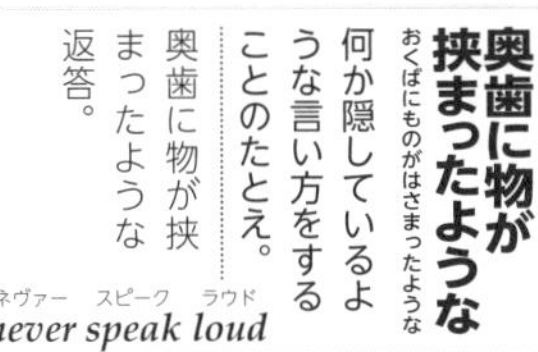

□□□
奥歯に物が挟まったような（おくばにものがはさまったような）
何か隠しているような言い方をすることのたとえ。
奥歯に物が挟まったような返答。
ネヴァー スピーク ラウド
never speak loud

□□□
うりざね顔（うりざねがお）
色白で鼻筋が通っていて、やや面長な顔。
うりざね顔の髪の長い美女。
オーヴァル フェース
oval face

□□□
脚立（きゃたつ）
八の字形の短いはしご。
脚立の上でバランスをとる。
ステップラダー
stepladder

□□□
剰え（あまつさえ）
その上。おまけに。
雨が激しく、剰え屋根に穴が空いている。
ファーザーモア
furthermore

□□□
時時刻刻（じじこっこく）
時の進むさま。
時時刻刻と変わる社会情勢。
フロム アワー トゥ アワー
from hour to hour

□□□
衷心（ちゅうしん）
心の底。
衷心よりお詫び申し上げます。
イナーモスト ハート
innermost heart

□□□
本懐を遂げる（ほんかいをとげる）
目的を果たすということ。
男としての本懐を遂げる。
アテイン ロング チェリッシュト アンビション
attain long-cherished ambition

□□□
segment
セグメント
分割すること。
様々な問題をセグメントして考える。

□□□
衒学（げんがく）
知識や学問をひけらかすこと。
衒学的な解説。
ペダントリー
pedantry

□□□
擬態語（ぎたいご）
状態や様子を、それらしい音声で表した言葉。
「つるつる」「じろじろ」「ぎらぎら」などの擬態語を使う。
mimetic word（ミメティック ワード）

□□□
渦中（かちゅう）
混乱の真っただ中。
騒動の渦中にある人物。
whirlpool（ホワールプール）

□□□
相対的（そうたいてき）
他と比較することで成り立つ様子。
両者の関係を相対的に見る。
relative（リラティヴ）

□□□
なかんずく
色々あるなかで特に。
どの教科も重要だが、なかんずく国語は重要だ。
among all（アマング オール）

□□□
一家言（いっかげん）
その人独自の意見。
絵画については一家言をもっている。
unique assertion（ユーニーク アサーション）

□□□
document
ドキュメント
文書。記録。
ドキュメントの作成に携わる。

□□□
本旨（ほんし）
本来の目的。
この集いの本旨に反する発言。
principal（プリンスィパル）

□□□
思し召し（おぼしめし）
考え・気持ちを敬っていう語。
これも神様の思し召しだ。
will（ウィル）

□□□
眼光紙背に徹す
がんこうしはいにてっす
書物を理解する能力が高いこと。
To read between the lines.
行間を読む。

LEVEL 1

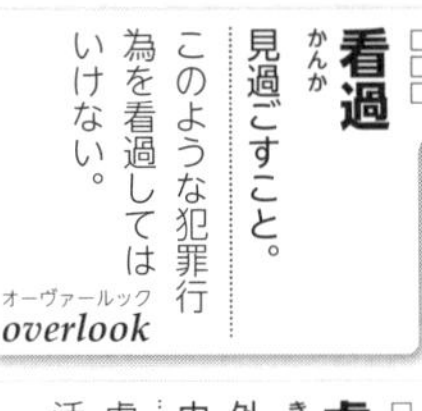

□□□
看過（かんか）
見過ごすこと。
このような犯罪行為を看過してはいけない。
overlook（オーヴァールック）

□□□
厚顔無恥（こうがんむち）
ずうずうしくて恥知らずなこと。
厚顔無恥な連中に腹を立てる。
impudent（インピュデント）

□□□
虚飾（きょしょく）
外見だけ飾って中身がないこと。
虚飾に満ちた生活を送る。
exterior ornament（エクスティリアー オーナメント）

□□□
利便性（りべんせい）
都合がよく、便利であること。
何よりも利便性を優先する。
convenience（コンヴィニエンス）

LEVEL 2

□□□
火急（かきゅう）
極めて急。大至急。
火急な用件を伝える。
urgent（アージェント）

□□□
有機的（ゆうきてき）
多くの部分が強い関係でつながっているさま。
有機的につながった関係。
organic（オーガニック）

□□□
三すくみ（さんすくみ）
三者が互いに牽制し合って、それぞれが自由に動けない状態。
三すくみの状態にある強国。
three-way deadlock（スリー ウェー デッドロック）

□□□
顛末（てんまつ）
事の最初から最後までの事情。
事件の顛末を説明する。
whole story（ホール ストーリー）

LEVEL 3

□□□
捲土重来（けんどちょうらい）
敗者が勢いを再び盛り返してくること。
捲土重来を期して特訓に励む。
rally（ラリー）

optimism
オプティミズム
くよくよせず、良い結果を信じたり、期待して生きる主義。□□□
オプティミズムが持ち味の人。

人事を尽くして天命を待つ

じんじをつくしててんめいをまつ

やるだけやって、後は結果を待つだけということ。

Do the likeliest, and God will do the best.

最も適切な行為をなせ、そうすれば神が最善の結果をもたらしてくれる。

聡い

さとい

理解・判断が的確で早い。賢い。

この子はなかなか聡いところがある。

クイック トゥ ラーン
quick to learn

殉死

じゅんし

下の者が主君の後を追って自殺すること。

家臣が殉死する。

ダイング ア マーター
dying a martyr

お歴々

おれきれき

地位、身分などの高い人々。

業界のお歴々が集まる。

ノータブルズ
notables

恩赦

おんしゃ

確定した刑の全部または一部を消すこと。

彼は恩赦に浴して減刑される。

パードン
pardon

スペック

spec

(一般的に) コンピュータなどに期待される性能。

高度なスペックのパソコン。

花冷え

はなびえ

桜の咲く頃の寒さ。

花冷えがするので風邪には要注意です。

チリー スプリング ウェザー
chilly spring weather

縷縷

るる

こまごまと詳しく述べるさま。

縷縷として語り続ける。

イン ディテール
in detail

LEVEL 1

おだを上げる（おだをあげる）

相手かまわず勝手なことを言う。

酔っぱらっておだを上げる。

brag（ブラッグ）

作為（さくい）

わざとこしらえること。

その表現は作為が目立って不自然だ。

artificiality（アーティフィシャリティー）

上手（かみて）

身分が高い人が座る、奥の方。

上手の席に座る。

upper side（アッパー サイド）

シビア

severe

非常に厳しい様子。

シビアな条件を突き付けられる。

2

千両役者（せんりょうやくしゃ）

人気役者。きわだった活躍をする魅力的な人。

いよいよ千両役者の登場だ。

star（スター）

投降（とうこう）

降伏。

武器を捨てて投降せざるを得ない。

surrender（サレンダー）

泥縄（どろなわ）

事が起きてからあわてて準備する。

泥縄の対応策。

last minute, eleventh hour（ラスト ミニット イレヴンス アワー）

醜聞（しゅうぶん）

良くない噂。

ありもしない醜聞を流す。

scandal（スキャンダル）

3

則天去私（そくてんきょし）

自分を超えるため、自然に従って生きようとすること。

則天去私は、「天にのっとり私を去る」ということだ。

selfless devotion to justice（セルフレス ディヴォーション トゥ ジャスティス）

情宜（じょうぎ）

人とつきあう上での人情や誠意。

彼は大変情宜に厚い。

fellowship（フェローシップ）

□□□
米寿（べいじゅ）
八十八歳のこと。
米寿の祝いをする。
eighty-eight years old（エイティエイト イヤーズ オールド）

□□□
丁丁発止（ちょうちょうはっし）
互いに激しく戦うさま。
強敵と丁丁発止と渡り合う。
exchange blows（エクスチェンジ ブローズ）

□□□
形無し（かたなし）
みじめな状態になること。
イケメンも形無しのふられっぷり。
ruined（ルーインド）

□□□
熟達（じゅくたつ）
熟練して上達すること。
車の運転に熟達する。
mastery（マスタリー）

□□□
反駁（はんばく）
他人の主張や批判に対して反論すること。
隙のない論理で反駁する。
refutation（レフュテーション）

□□□
大団円（だいだんえん）
小説・劇などの終わり。
大河ドラマが大団円を迎える。
finale（フィナリ）

□□□
entry
エントリー
参加の申し込み。
エントリーナンバー七番。

□□□
確度（かくど）
確かさ。
それは確度の高い情報と言える。
accuracy（アキュラスィー）

□□□
子細ない（しさいない）
さしつかえない。
この件は放置しても子細ないだろう。
no problem（ノー プロブレム）

□□□
散見（さんけん）
あちこちに見られること。
同意見が散見される。
seen here and there（スィーン ヒヤ アンド ゼア）

LEVEL 1 2 3

□□□
曲解
きょっかい
物事を素直に受け取らないこと。
人の言動を曲解する。
ディストーション
distortion

□□□
改悛
かいしゅん
自分の行いを悔い改め、心を入れ替えること。
改悛の情を抱く。
リペンタンス
repentance

うの目たかの目
うのめたかのめ
□□□
熱心にものを探す様子。
seek with eager eye
夢中で探す。

□□□
不埒
ふらち
道に外れてけしからぬこと。
不埒極まる振る舞いを自重する。
アウトレージャス
outrageous

□□□
合縁奇縁
あいえんきえん
不思議な縁。
合縁奇縁というべきか、彼とはとても気が合う。
フェートフル エンカウンター
fateful encounter

□□□
打擲
ちょうちゃく
打ちたたくこと。なぐる。ぶつ。
棒で激しく打擲する。
ビート
beat

□□□
標榜
ひょうぼう
主義や主張をはっきりと示すこと。
民主主義を標榜する。
アドヴォキャスィー
advocacy

□□□
各論
かくろん
全体の中の、細かいことについての議論。
これより各論に入る。
ディテイルド ディスカシォン
detailed discusaion

□□□
値踏み
ねぶみ
値段を見積もってつけること。
骨董品を値踏みしてもらう。
ヴァリュエーション
valuation

□□□
潤滑油
じゅんかつゆ
物事が順調に進むための、仲立ちとなる物や人。
彼女の存在は、グループ内の潤滑油になっている。
ループリキャント
lubricant

□□□
腐心
ふしん
色々と悩み、苦労すること。
チーム強化のために幹部が腐心する。
ウォーリー
worry

norma
ノルマ
□□□
各人に与えられる仕事などの量。
厳しいノルマを負わされる。

□□□
虎の尾を踏む
とらのおをふむ
非常な危険をおかすことのたとえ。
虎の尾を踏むような行為。
テーク　リスク
take risk

歳月は人を待たず
さいげつはひとをまたず
□□□
時は人の都合など構わずに過ぎていくものだ。
Time and tide wait for no one.
時と波は誰も待ってくれない。

□□□
射幸心
しゃこうしん
偶然の利益や幸運を望む心。
賭け事は人の射幸心をあおる。
スペキュレーティヴ　スピリット
speculative spirit

□□□
按分
あんぶん
基準となる数量に比例して物を分けること。
売り上げに応じて収益を按分する。
プロポーショナル　ディヴィジョン
proportional division

□□□
馘首
かくしゅ
雇い主が使用人を辞めさせること。クビ。
突然馘首を言い渡された。
ディスミッサル
dismissal

□□□
截然
せつぜん
物事の区別がはっきりしているさま。
内容の良し悪しを截然と区切る。
ディスティンクティヴ
distinctive

LEVEL 1

□□□
居丈高（いたけだか）
上から押さえつけるような態度でおどす様子。
居丈高にどなられてしまった。
high-handed（ハイ　ハンディッド）

□□□
自嘲（じちょう）
自分で自分を嘲り笑うこと。
自嘲的な笑みを浮かべる。
self-ridicule（セルフリディキュール）

□□□
離合集散（りごうしゅうさん）
離れたり集まったりすること。
政党のメンバーが離合集散する。
meeting and parting（ミーティング　アンド　パーティング）

□□□
皮切り（かわきり）
物事の一番はじめ。
東京を皮切りにコンサートツアーを行う。
opening（オープニング）

□□□
背徳（はいとく）
道徳に背くこと。
背徳行為を重ねる男。
immorality（インモラリティー）

□□□
反証（はんしょう）
相手の主張がうそであることを証明すること。
明確な反証を挙げる。
counterevidence（カウンターエヴィデンス）

LEVEL 2

□□□
monotone
モノトーン
単調であること。
モノトーンな調子の散文。

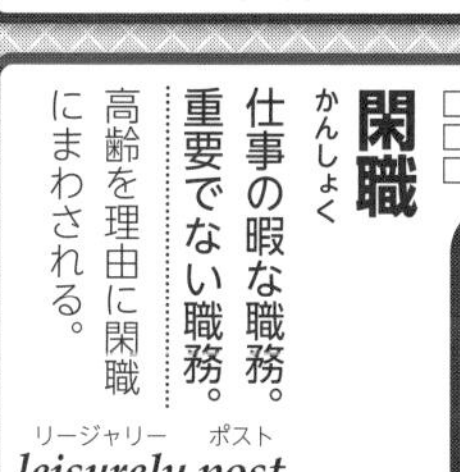

□□□
閑職（かんしょく）
仕事の暇な職務。重要でない職務。
高齢を理由に閑職にまわされる。
leisurely post（リージャリー　ポスト）

LEVEL 3

□□□
等し並（ひとしなみ）
同じ扱いをすること。
親族も他人も等し並みに扱う。
equal（イークオル）

□□□
さもありなん
きっとそうであろう。
彼の実力からすれば入賞はさもありなんだ。
reasonable（リーズナブル）

咽頭（いんとう）
口腔と鼻腔とが一緒になる部分。
咽頭炎が治る。
ファリンクス *pharynx*

当て所（あてど）
目あて。心当たり。
当て所もない旅を続ける。
パーパス *purpose*

曇天（どんてん）
くもり空。
今日は朝から曇天だ。
クラウディー スカイ *cloudy sky*

気の置けない（きのおけない）
親しくて気を遣う必要のない。
気の置けない間柄。
フレンドリー *friendly*

とば口（とばぐち）
入り口。物事のはじめ。
大会はまだほんのとば口だ。
エントランス *entrance*

空転（くうてん）
物事が無駄に進むこと。
議論が空転している。
スピン ホィールズ *spin wheels*

年波（としなみ）
年を取ること。
寄る年波には勝てません。
エイジ *age*

standard
スタンダード
標準。規準。
スタンダードな型式。

唯唯諾諾（いいだくだく）
従順に人に従うさま。
唯唯諾諾として指示に従う。
オビーディエンス *obedience*

呻吟（しんぎん）
うめくこと。うなること。
見事な描写に呻吟する。
グローン *groan*

忌憚（きたん）

遠慮すること。

忌憚のない意見をお願いします。

reservation（リザーヴェーション）

突貫工事（とっかんこうじ）

短期間に一気に仕上げる工事のこと。

突貫工事をして遅れを取り戻そうとする。

rush job（ラッシュ ジョブ）

才腕（さいわん）

物事を巧みに処理する才能と手腕。

ベテランが才腕を振るう。

talent（タレント）

奇をてらう（きをてらう）

わざと普通と違っていることをして人の注意を引こうとする。

奇をてらったファッション。

deliberately act oddly（デリベレットリー アクト オッドリー）

狐の嫁入り（きつねのよめいり）

日が照っているのに、急に雨がぱらつくこと。

狐の嫁入りとは、お天気雨のことです。

sudden shower in the sunshine（サドゥン シャワー イン ザ サンシャイン）

功成り名を遂げる（こうなりなをとげる）

努力をして成功し、有名な人物になること。

功成り名を遂げた後に引退する。

full of honors（フル オブ オナーズ）

慇懃（いんぎん）

極めて丁寧なこと。

慇懃な態度で人と接する。

courtesy（コーティスィー）

subliminal サブリミナル

意識に働きかけるさま。

サブリミナルな効果があるコマーシャル。

些少（さしょう）

数量や程度がわずかなこと。

些少ながら貴重なサンプル。

trifle（トライフル）

悪事千里を走る

あくじせんりをはしる

□□□

悪いことはすぐ世間に知れわたるということ。

Bad news travels fast.

悪いニュースは素早く旅をする。

□□□
御託（ごたく）
自分勝手なことを、もったいぶってくどくど言うこと。
御託を並べている場合ではない。
tedious talk（ティディアス トーク）

□□□
倦怠（けんたい）
飽きて嫌になること。
最近、何事に対しても倦怠を感じる。
fatigue（ファティーグ）

□□□
喝破（かっぱ）
大声でしかりつけること。
やる気が見られない社員を喝破する。
scolding（スコールディング）

□□□
幽玄（ゆうげん）
奥が深く、味わいが尽きないこと。
水墨画が表す幽玄の世界。
subtle and profound（サトル アンド プロファウンド）

□□□
軽妙洒脱（けいみょうしゃだつ）
会話や文章などが、軽やかで洗練されていること。
軽妙洒脱なセリフ。
witty（ウィッティー）

□□□
卓抜（たくばつ）
他よりはるかに優れていること。
卓抜な技術の持ち主。
excellence（エクセレンス）

□□□
子細らしい（しさいらしい）
何かわけがありそうである。
子細らしく目くばせをする。
consequential（コンスィクエンシャル）

□□□
委曲を尽くす（いきょくをつくす）
説明などを細かいところまで行うこと。
委曲を尽くした小冊子。
give all the details（ギヴ オール ザ ディテイルズ）

□□□
膠着（こうちゃく）
ある状態が固定してしまい、一向に変化しないこと。
戦争は膠着状態が続いている。
adhesion（アドヒージョン）

□□□
朗々と（ろうろうと）
音声が澄んで、よく通るさま。
朗々と演説をする。
loud and clear（ラウド アンド クリア）

□□□
小心翼々（しょうしんよくよく）
とても臆病な様子。
小心翼々として人の機嫌をうかがう。
timid（ティミッド）

□□□
不文律（ふぶんりつ）
互いに心の中で了解し合っている決まり。
プライバシーに触れないのが不文律であった。
unwritten law（アンリトゥン ロー）

□□□
礫（つぶて）
投げる小石。
向こう岸から礫が飛んでくる。
throwing stones（スローイング ストーンズ）

□□□
馳せ参じる（はせさんじる）
大急ぎでやってくる。
連絡を受けて馳せ参じる。
rush to（ラッシュ トゥ）

□□□
差し出口（さしでぐち）
よけいな口出し。
しきりに差し出口をたたく。
impertinent remark（インパーティネント リマーク）

□□□
風雅（ふうが）
高尚であること。
風雅な街並み。
elegance（エレガンス）

□□□
遠因（えんいん）
遠い原因。
事件の遠因を調べる。
remote cause（リモート コーズ）

□□□
不徳の致すところ（ふとくのいたすところ）
自分の徳がないため引き起こしたこと。
まったく私の不徳の致すところです。
I am to blame.（アイ アム トゥ ブレーム）

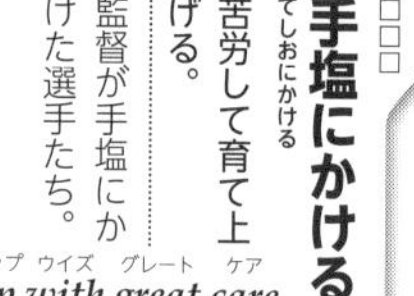

□□□
手塩にかける
てしおにかける

苦労して育て上げる。

監督が手塩にかけた選手たち。

ブリング アップ ウイズ グレート ケア
bring up with great care

□□□
頻出
ひんしゅつ

しきりに起こること。

難問が頻出する。

リピーティッド アピアランス
repeated appearance

□□□
疲弊
ひへい

疲れ弱ること。衰えること。

神経が疲弊する。

ファティーグ
fatigue

□□□
趨勢
すうせい

ある方向へと動く勢い。

世の趨勢に注目する。

テンデンスィー
tendency

topic
トピック

□□□
話題。

キャスターが冒頭で今日のトピックを挙げる。

□□□
気風がいい
きっぷがいい

思いきりがよく、さっぱりとしている。

江戸っ子だけあって、気風がいい男。

ジェネラス
generous

□□□
知己
ちき

自分をよく知る人。

この世に二人とない知己を得る。

アクウェインタンス
acquaintance

□□□
雨露をしのぐ
うろをしのぐ

必要最低限の暮らしをする。

雨露をしのぐだけの家。

スクレープ ア リヴィング
scrape a living

□□□
稀有
けう

めったにないこと。

これは極めて稀有な事例だ。

レア
rare

□□□
稟議
りんぎ

案を関係者に回し、承認を求める。

部内で稟議を廻す。

アプルーヴァル
approval

LEVEL 1

□□□
置き引き（おきびき）
置いてある他人の荷物などを持ち逃げすること。
駅で置き引きに合う。
luggage thief（ラゲッジ スィーフ）

□□□
寵愛（ちょうあい）
特別に大切にして愛すること。
両親の寵愛を受ける。
favor（フェーヴァー）

□□□
形骸（けいがい）
中身がなく、形だけのもの。
その制度は形骸化している。
fossil（フォスィル）

concept
コンセプト
企画や商品の基本になる考え方。
□□□
コンセプトが大変に優れた企画。

2

□□□
ひとくさり
ある話題について一通り話すこと。
文句をひとくさり述べる。
passage（パセッジ）

□□□
放逐（ほうちく）
その場や組織から追い払うこと。
とばくで球界を放逐される。
banishment（バニシュメント）

□□□
黄金分割（おうごんぶんかつ）
見た目に最も美しく感じられる比率。
黄金分割比率はおよそ5対8です。
golden section（ゴールデン セクション）

□□□
顧慮（こりょ）
気にかけること。
先方の現状を顧慮する余裕がない。
mind（マインド）

3

ensemble
アンサンブル
合奏・合唱。
一そろいの服。
□□□
素晴らしいアンサンブル。

□□□
機縁（きえん）
縁。きっかけ。
共通の趣味が機縁となって交際が始まった。
occasion（オケージョン）

値が張る
ねがはる

値段が高い。

値が張るだけあって、品質が良い。

エクスペンスィヴ
expensive

追随を許さない
ついずいをゆるさない

他がまねできないほど優れている。

他の追随を許さない技術を身につける。

アンサーパサブル
unsurpassable

華燭の典
かしょくのてん

結婚式。

華燭の典を挙げる。

マリッジ セレモニー
marriage ceremony

気丈夫
きじょうぶ

気持ちがしっかりしていること。

気丈夫な老人。

タフ
tough

秘匿
ひとく

秘密にして隠しておくこと。

重要な情報を秘匿する。

コンスィールメント
concealment

臥薪嘗胆
がしんしょうたん

目的のために行う苦労。

長く臥薪嘗胆の思いをしてきた人。

パーセヴィアランス
perseverance

虚仮威し
こけおどし

見えすいたおどし。

あからさまな虚仮威しを無視する。

ブラフ
bluff

諧謔
かいぎゃく

しゃれ。ユーモア。

諧謔に満ちた劇。

ヒューマー
humor

モラトリアム
moratorium

余裕として与えられた期間。

モラトリアム人間として人生の選択を避け続ける。

□□□
至上
しじょう
この上もないこと。
至上の喜びを感じる。
スープリーム
supreme

□□□
咽喉
いんこう
のど。
耳鼻咽喉科にかかる。
スロート
throat

□□□
蛙の面に水
かえるのつらにみず
何をされても平気でいる様子。
like water off duck's back
アヒルの背中を流れる水のよう。

□□□
先鋭化
せんえいか
思想や行動が過激になること。
改革運動が先鋭化する。
ラディカライゼーション
radicalization

□□□
痛恨
つうこん
ひどく残念がること。大変恨みに思うこと。
あの不用意な一球は痛恨の極みだ。
リグレットフル
regretful

□□□
capacity
キャパシティ
収容能力。物事を受け入れる能力。
キャパシティを超えた仕事量。

□□□
律する
りっする
ある基準に照らして判断や処理をすること。
自分の言動を律する。
レギュレート
regulate

□□□
一頭地を抜く
いっとうちをぬく
他より頭ひとつ抜き出ていること。
一頭地を抜く存在感。
エクスィード
exceed

□□□
因果律
いんがりつ
全ての事は、必ずある原因によって起こるという法則。
因果律に従って事件を調査してゆく。
コーザリティー
causality

variation

バリエーション

もとのかたちから変化したもの。

そのバリエーションも限界に来ている。

撤廃（てっぱい）

とりやめること。

年齢制限を撤廃する。

abolition（アボリション）

深層（しんそう）

表面からはうかがい知ることのできない部分。

古い体験が深層心理にある。

depth（デプス）

大御所（おおごしょ）

その世界で大きな勢力をもっている人。

政財界の大御所。

leading figure（リーディング フィギュア）

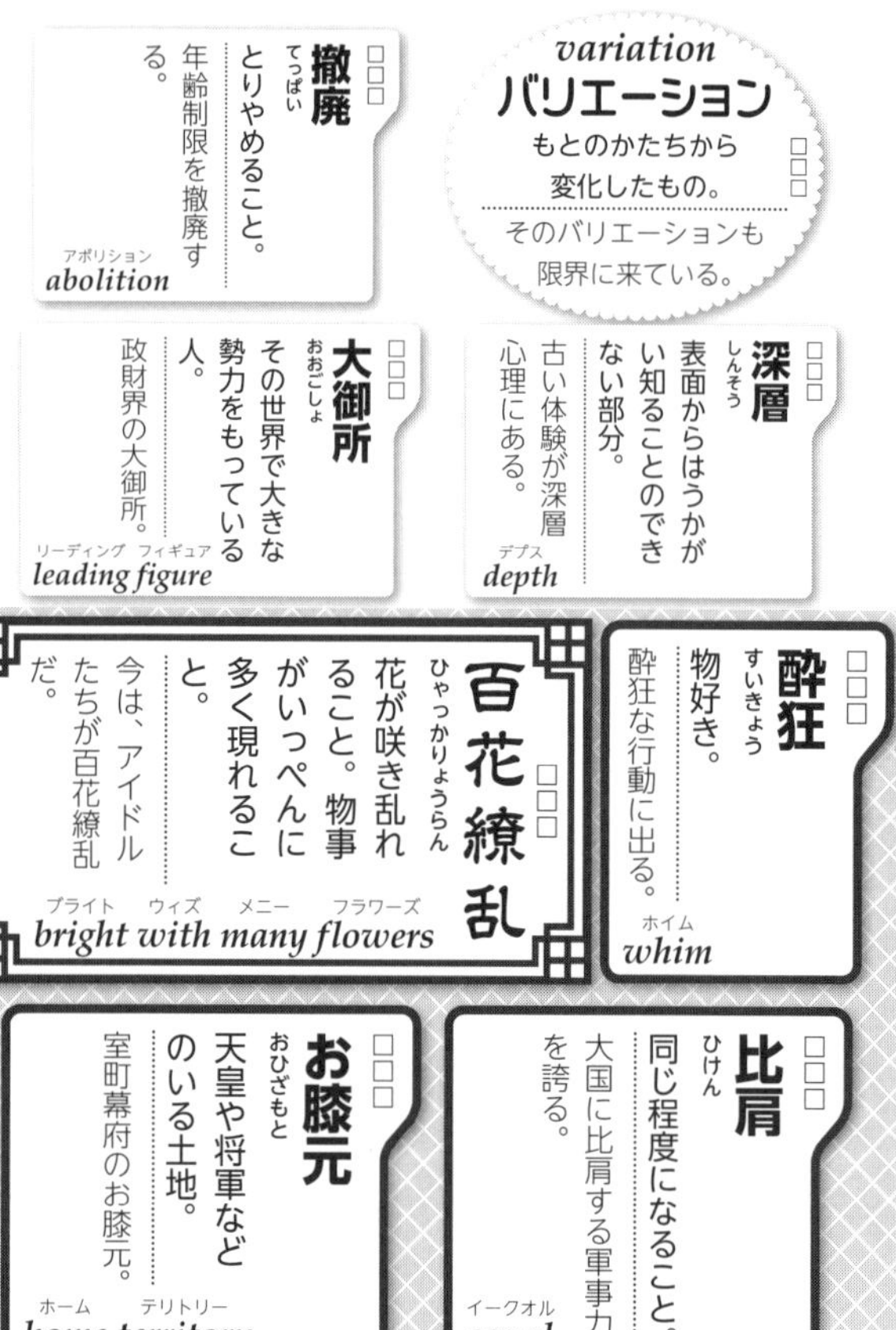

酔狂（すいきょう）

物好き。

酔狂な行動に出る。

whim（ホイム）

百花繚乱（ひゃっかりょうらん）

花が咲き乱れること。物事がいっぺんに多く現れること。

今は、アイドルたちが百花繚乱だ。

bright with many flowers（ブライト ウィズ メニー フラワーズ）

比肩（ひけん）

同じ程度になること。

大国に比肩する軍事力を誇る。

equal（イークオル）

お膝元（おひざもと）

天皇や将軍などのいる土地。

室町幕府のお膝元。

home territory（ホーム テリトリー）

頑是無い（がんぜない）

幼くて聞き分けがない。

頑是無い子どもに言い聞かせる。

innocent（イノセント）

ひが目（ひがめ）

見間違うこと。

それは君のひが目だ。

visual error（ヴィジュアル エラー）

□□□
連綿（れんめん）
物事が長く続いて絶えないこと。
この祭りは、大昔から連綿と続いている。
continuity（コンティニュイティー）

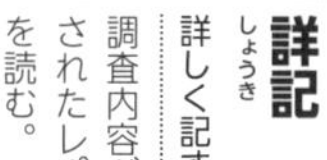

□□□
詳記（しょうき）
詳しく記すこと。
調査内容が詳記されたレポートを読む。
minute description（マイニュート ディスクリプション）

□□□
既視感（きしかん）
一度も経験したことがないのに、すでにどこかで経験したことがあるように感じること。
その場所で既視感を覚えた。
deja vu（デジャ ヴ）

□□□
画一的（かくいつてき）
特色や個性のない様子。
画一的な内容の作文。
uniformity（ユーニフォーミティー）

□□□
陶然（とうぜん）
酔ってうっとりするさま。
美しい音色に陶然と酔いしれる。
intoxicated（イントクスィケーティッド）

□□□
frank
フランク
気どったところがないさま。
フランクな態度で対応する。

□□□
能弁（のうべん）
話が巧みなこと。
能弁な人のペースに乗せられる。
eloquence（エロクエンス）

□□□
足切り（あしきり）
基準以下の者を切り捨てる。
足切りで落第にされてしまう。
cut off（カット オフ）

□□□
君子の交わりは淡きこと水の如し
くんしのまじわりはあわきことみずのごとし

君子の交際は淡泊だが、長く続くということ。

Friendship between men of virtue is cool like water.
（直訳）

□□□

立錐の余地もない（りっすいのよちもない）

隙間がないほど混んでいる様子。

会場は混雑しており、立錐の余地もない。

packed like sardines（パット　ライク　サーディンズ）

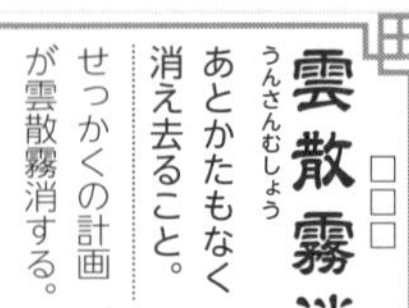

□□□

雲散霧消（うんさんむしょう）

あとかたもなく消え去ること。

せっかくの計画が雲散霧消する。

disappearance（ディスアピアランス）

□□□

便覧（べんらん）

知りたいことがすぐわかるように、わかりやすくまとめてある本。

学校便覧。

handbook（ハンドブック）

□□□

俗っぽい（ぞくっぽい）

いかにもありふれていて、品がない様子。

俗っぽい趣味。

vulgar（ヴァルガー）

□□□

首をもたげる（くびをもたげる）

隠れていた物事や気持ちが表に出てくる。

不安が徐々に首をもたげる。

raise head（レイズ　ヘッド）

□□□

identity

アイデンティティー

自分が自分であること。存在証明。独自性。

大衆社会ではアイデンティティーが失われがちである。

□□□

好悪（こうお）

好むことと憎むこと。

人に対する好悪の差が極端だ。

likes and dislikes（ライクス　アンド　ディスライクス）

□□□

精査（せいさ）

細かい部分まで調べること。

事故の原因を精査する。

scrutiny（スクルーティニー）

□□□

垂んとする（なんなんとする）

その状態になろうとしている。

二万人に垂んとする観衆。

near（ニア）

□□□

射竦める（いすくめる）

視線で相手を怖がらせる。

鋭い目つきで射竦められる。

glare down（グレア　ダウン）

LEVEL 1 2 3

出自（しゅつじ）□□□

出どころ。生まれ。

資料の出自を明らかにする。

バース *birth*

啓示（けいじ）□□□

人には計り知れない神秘を、神が表し示すこと。

神の啓示を受ける。

レヴェレーション *revelation*

いささかならず □□□

少しでなく。大変。

世話になるばかりで、いささかならず気が引ける。

ヴェリー *very*

及び腰（およびごし）□□□

自信がなく、おどおどしている様子。

及び腰で交渉に臨む。

ティミディティー *timidity*

我流（がりゅう）□□□

自己流。

書道を我流で学ぶ。

セルフトート *self-taught*

快気祝い（かいきいわい）□□□

病気の全快を祝うこと。病気が全快した時、病中に見舞ってくれた人に贈り物などしてお礼の気持ちを表すこと。

友人に快気祝いを送る。

セレブレーティング リカヴァリー フロム イルネス *celebrating recovery from illness*

柔よく剛を制す（じゅうよくごうをせいす）□□□

弱い者が強い者を負かすこと。

Soft and fair goes far.

柔らかく清いものが成功する。

死命を制する（しめいをせいする）□□□

相手の運命を左右するような急所を押さえる。

宿敵の死命を制する。

ハヴ アット マースィー *have at mercy*

雑駁（ざっぱく）□□□

雑然として統一がないこと。

雑駁な知識をとりとめなく話す。

ルース *loose*

□□□
昼夜兼行（ちゅうやけんこう）
昼も夜も休まず、仕事などをすること。
道路工事が昼夜兼行で進められている。
オール デー アンド ナイト
all day and night

□□□
延焼（えんしょう）
火事が他に燃え広がること。
幸い延焼は免れた。
スプレッド オブ ファイア
spread of fire

□□□
所在なげ（しょざいなげ）
することがなくて退屈そうな様子。
出番がなく、ベンチで所在なげにしている選手。
ボアード
bored

□□□
破天荒（はてんこう）
今まで誰もしたことがないことを行う様子。
破天荒な大事業を起こす。
アンプレセデンティッド
unprecedented

□□□
禍禍しい（まがまがしい）
悪いことが起こりそうである。
禍禍しい噂が絶えない家。
オミナス
ominous

□□□
次善の策（じぜんのさく）
最善ではないが、まずまず良い策。
次善の策を講じる。
プリコーション
precaution

□□□
寡作（かさく）
芸術家などが作品を少ししか作らないこと。
寡作な画家。
アンプロリフィック
unprolific

□□□
梗概（こうがい）
物語などのあらすじ。
物語の梗概をまとめる。
アウトライン
outline

□□□
省察（せいさつ）
自分自身をかえりみて、そのよしあしを考えること。
自分の行動を省察する。
リフレクション
reflection

□□□
一切衆生（いっさいしゅじょう）
この世に生きる、全ての生き物。
一切衆生に価値を見出す。
オール クリーチャーズ
all creatures

LEVEL 1

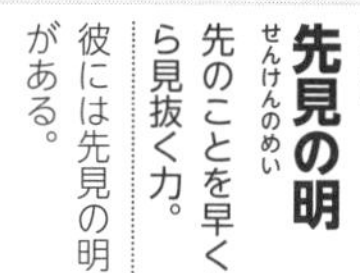

不屈
ふくつ

困難に負けず、意志を通すこと。

不屈の精神。

インヴィンスィビリティー
invincibility

先見の明
せんけんのめい

先のことを早くから見抜く力。

彼には先見の明がある。

フォーサイト
foresight

antique アンティーク

骨董品・古美術品・年代物の家具など。

アンティークな家具。

悔悟
かいご

自分のした事を悪いと認め、改めようとすること。

悔悟の涙を流す。

リペンタンス
repentance

LEVEL 2

問わず語り
とわずがたり

人がたずねないのに、自分から語りだすこと。

問わず語りに話しかけた。

アンプロンプティッド リマーク
unprompted remark

呼び水
よびみず

きっかけとなること。

不用意な一言が騒動の呼び水となる。

トリガー
trigger

危殆
きたい

危ないこと。

会社経営が危殆に瀕する。

デンジャー
danger

周章狼狽
しゅうしょうろうばい

あわてふためくこと。

問い詰められて周章狼狽する。

コンフュージョン
confusion

LEVEL 3

下手の考え休むに似たり
へたのかんがえやすむににたり

良い考えも浮かばないのに、長く考え込むのは時間の無駄だということ。

Mickle fails that fools think.

馬鹿が考えていることは、たいてい役に立たない。

□□□
目鼻がつく
めはながつく
だいたいの見通しがつく。
ようやく解決の目鼻がつく。
ゲット イントゥ シェープ
get into shape

□□□
物見高い
ものみだかい
何でも見たがる様子。
火事の現場に物見高いやじうまが集まる。
キュリアス
curious

□□□
追憶
ついおく
過ぎ去ったことを思い出すこと。
少年の頃の追憶にふける。
レミニセンス
reminiscence

□□□
喚起
かんき
呼び起こすこと。
危険な運転に対する注意を喚起する。
アラウズ
arouse

slang
スラング
□□□
ある社会や階層だけで使われる言葉。俗語。
アメリカ人のスラングが理解できない。

□□□
身も世もない
みもよもない
悲しすぎて、自分のことも他のことも考えていられない。
身も世もなく泣き崩れる。
デスペレット
desperate

□□□
旧交を温める
きゅうこうをあたためる
昔からのつきあいを再び始める。
久々に友と旧交を温める。
リニュー オールド フレンドシップ
renew old friendship

□□□
太鼓持ち
たいこもち
おべっかを使う人。
社長の太鼓持ち。
フラッタラー
flatterer

□□□
千慮の一失
せんりょのいっしつ
どんなに賢い人でも、間違いや思い違いがあるということ。
彼の過ちは千慮の一失だ。
オーヴァーサイト
oversight

modernism
モダニズム
□□□
近代主義。
モダニズムは二十世紀に起きた芸術運動です。

LEVEL

蛇の道は蛇

じゃのみちはへび

□□□

同類の者には全てわかるということ。

Set a thief to catch a thief.

泥棒に泥棒を捕まえさせよ。

□□□

倦む（うむ）

退屈する。飽きる。嫌になる。

仕事に倦むことなく励む。

bored（ボアード）

□□□

青天井（あおてんじょう）

（相場などが）無制限であること。

株式相場は青天井だ。

limitlessness（リミットレスネス）

1

□□□

跳梁跋扈（ちょうりょうばっこ）

悪人がのさばるさま。

詐欺集団が跳梁跋扈する。

rampant（ランパント）

□□□

気が差す（きがさす）

後ろめたい気持ちがする。

協力不足のため気が差す。

feel guilty（フィール ギルティー）

□□□

真贋（しんがん）

本物と偽物。

真贋を見分ける目を持つ。

authenticity（オーセンティスィティー）

□□□

奇縁（きえん）

思いもかけない不思議な縁。

意外な奇縁で結ばれた間柄。

strange coincidence（ストレンジ コインスィデンス）

2

□□□

嘱望（しょくぼう）

期待すること。

将来を嘱望されている新人選手。

expectation（エクスペクテーション）

3

勝負は下駄を履くまでわからない

しょうぶはげたをはくまでわからない

□□□

終わってみるまでは、結果がどうなるかわからない。

It ain't over until it's over.

終わるまでは、終わらない。

隔世の感

□□□

かくせいのかん

時代が変わり、様子がすっかり変わったと感じること。

街の様子は、以前とは隔世の感がある。

ポールズ アパート
poles apart

腹心

□□□

ふくしん

心の奥底。深く信頼すること。

腹心を語る。腹心の部下。

ザ ボトム オブ ハート
the bottom of heart

登用

□□□

とうよう

人を引き上げて使うこと。

有能な人材を登用する。

アポイントメント
appointment

椿事

□□□

ちんじ

思いがけない事件。

前代未聞の椿事が世間を騒がす。

ストレンジ オカーレンス
strange occurrence

意趣返し

□□□

いしゅがえし

恨みを返すこと。

手痛い意趣返しをされる。

リヴェンジ
revenge

motif モチーフ

□□□

文学・美術などで、創作の動機となった主な思想や題材。

日本を象徴するモチーフ。

こけら落とし

□□□

こけらおとし

新築劇場の最初の興行。

歌舞伎座のこけら落としを観に行く。

オープニング オブ ア ニュー スィアター
opening of a new theater

合掌瞑目

□□□

がっしょうめいもく

両方の手のひらを合わせ、目をつぶること。

長時間、合掌瞑目を続ける。

クローズ アイズ アンド プレイ
close eyes and pray

□□□
にべもない
愛想がない様子。
デートに誘ったが、にべもなく断られてしまった。
カート
curt

□□□
怒涛（どとう）
荒れ狂う大波、そのような様子。
人の波が怒涛のごとく押し寄せる。
レージング　ビローズ
raging billows

□□□
虚心坦懐（きょしんたんかい）
心にわだかまりがなく、素直なさま。
虚心坦懐に話し合おう。
オープン　マインド
open mind

□□□
面目ない（めんぼくない）
恥ずかしくて顔向けできない。
こんな失敗をしてしまい、面目ありません。
アシェームド
ashamed

□□□
習い性（ならいせい）
習慣的な行動。習性。
早起きが習い性になってしまっている。
セカンド　ネーチャー
second nature

□□□
通底（つうてい）
底の部分で共通すること。
大都市に通底する問題。
コモンリー　アンダーライング
commonly underlying

□□□
恵方（えほう）
その年にめでたいと定められた方角。
恵方参りに行く。
ラッキー　ディレクション
lucky direction

□□□
きら星のごとく（きらほしのごとく）
優れたものが集まっているさま。
きら星のごとく並んだ傑作群。
アズ ギャラクスィー
as galaxy

□□□
奥歯に剣（おくばにつるぎ）
腹の中の敵意を表に出さないこと。
奥歯に剣の心持ちで相対する。
ヒドゥン　ホスティリティー
hidden hostility

□□□
consensus
コンセンサス
意見の一致。合意。
部内のコンセンサスを得る。

□□□
常軌を逸する（じょうきをいっする）

常識では考えられない。

取り乱し、常軌を逸した行動に出る。

get eccentric（ゲット エキセントリック）

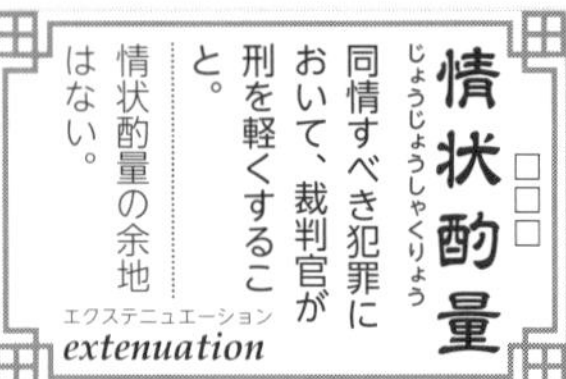

□□□
情状酌量（じょうじょうしゃくりょう）

同情すべき犯罪において、裁判官が刑を軽くすること。

情状酌量の余地はない。

extenuation（エクステニュエーション）

□□□
内幕（うちまく）

外からは見えない内部の事情。

政界の内幕。

inside information（インサイド インフォーメーション）

□□□
理にかなう（りにかなう）

理屈に合っている。

理にかなった説明をお願いします。

make sense（メーク センス）

□□□
いわく言い難い（いわくいいがたい）

簡単には説明できない。

いわく言い難い感情を抱く。

indescribable（インディスクライバブル）

□□□
ゆめゆめ

少しも。

ゆめゆめ考えもしないことが現実化した。

absolutely（アブソルートリー）

労多くして功少なし

ろうおおくしてこうすくなし

□□□

苦労した割には効果が少ないこと。

all pains and no gains

痛みばかりで何も得られない。

□□□
御大（おんたい）

一家や店の主人などを親しんで呼ぶ語。

さあ、いよいよ御大のお出ましです。

boss（ボス）

□□□
糟糠の妻（そうこうのつま）

貧しい時から苦労をともにしてきた妻。

糟糠の妻と添い遂げる。

devoted wife（ディヴォーティッド ワイフ）

LEVEL 1

寸分たがわず（すんぶんたがわず）□□□
まったく違いのないさま。
寸分たがわずまねをする。
exactly（エグザクトリー）

一縷（いちる）□□□
ごくわずかな。
最後のチャンスに一縷の望みを託す。
a thread（ア スレッド）

コンテンツ contents □□□
商品や作品の中身。内容。
デジタルコンテンツの制作に携わる。

お家芸（おいえげい）□□□
最も得意とする分野。
小型化は日本のお家芸だ。
favorite accomplishment（フェイヴァリット アカンプリッシュメント）

2

不遜（ふそん）□□□
振る舞いが無礼なさま。
不遜な態度が不評を買う。
arrogance（アロガンス）

多士済々（たしせいせい）□□□
優れた人材が多いこと。
多士済々な顔ぶれがそろう。
galaxy of able persons（ギャラクスィー オブ エーブル パーソンズ）

今を時めく（いまをときめく）□□□
現在、世間で盛んにもてはやされている。
今を時めくロックバンド。
most popular today（モースト ポピュラー トゥデイ）

気骨が折れる（きぼねがおれる）□□□
あれこれ気を遣って、精神的に疲れる。
客の接待は何かと気骨が折れる。
mentally exhausting（メンタリー エグゾースティング）

3

モニュメント monument □□□
記念碑・記念像など。
公園にモニュメントが設置される。

観照（かんしょう）□□□
対象のあるがままの姿を眺めること。
真理を観照する。
observation（オブザーヴェィション）

access
アクセス
接近すること。
アクセスの良い場所に引っ越す。

失墜（しっつい）
権威や信用などを失うこと。
名誉を失墜する行為。
フォール fall

句点（くてん）
文の終わりを示す「。」の記号。
句点を忘れずに記入する。
ピリオッド period

不器量（ぶきりょう）
見た目が醜いこと。
不器量な生まれつき。
アグリネス ugliness

議論百出（ぎろんひゃくしゅつ）
多くの意見が出る。
様々な人が集まり、議論百出する。
ディヴァース アーギュメンツ アライズィング インググレート ナンバーズ
diverse arguments arising in great numbers

顎を出す（あごをだす）
疲れ切る。
急な坂道で顎を出す。
エグゾースティッド exhausted

言い募る（いいつのる）
興奮するなどして、次第に激しい口調になる。
怒りを抑えられず言い募る。
アサート assert

呼称（こしょう）
名をつけて呼ぶこと。
キャラクターの呼称を決める。
ネーム name

蟷螂の斧
とうろうのおの

弱い者が、身の程知らずに強い者に立ち向かうこと。

The fly that bites tortoise breaks its beak.
亀を噛むハエはその口を痛める。

□□□
触発（しょくはつ）
刺激を与えて、行動の意欲を起こさせること。
友人に触発されてトレーニングを始める。
trigger（トリガー）

□□□
拘泥（こうでい）
必要以上にこだわること。
どんな競い合いでも、勝敗に拘泥する。
insistence（インスィスタンス）

□□□
衆人環視（しゅうじんかんし）
大勢の人々がとりかこむようにして見ていること。
衆人環視の中で犯行が行われる。
in public（イン パブリック）

□□□
滔々（とうとう）
水がとどまることなく流れるさま。
滔々と流れる大河。
vigorous flow（ヴィガラス フロー）

□□□
甘言（かんげん）
相手の気に入る、うまい言葉。
店員の甘言につられて買ってしまった。
flattery（フラッタリー）

□□□
編纂（へんさん）
書物の内容をまとめること。
辞書を編纂する。
compilation（コンピレーション）

□□□
catharsis
カタルシス
感情が解放され、気持ちが清まること。
シェークスピア劇にカタルシスを得る。

□□□
精髄（せいずい）
物事の本質をなす、最も重要な部分。
水墨画の精髄を究める。
essence（エッセンス）

□□□
衆寡敵せず（しゅうかてきせず）
少数では多数にかなわない。
衆寡敵せずで、あっさり負けてしまった。
outnumbered（アウトナンバード）

□□□
metaphor
メタファー
隠喩（「〜は〜だ」などの形のたとえ）。
「彼女は天使だ」はメタファーだ。

LEVEL 1 2 3

名状しがたい

めいじょうしがたい

言い表すことができないほどの。

名状しがたい恐怖が迫る。

インディファイナブル
indefinable

恩寵

おんちょう

神の恵み。

大きな恩寵を受ける。

マースィー
mercy

弔辞

ちょうじ

死者を弔う言葉。

告別式で弔辞を述べる。

メッセージ　オブ　コンドゥレンス
message of condolence

営々と

えいえいと

せっせと励む様子。

多くの人が営々と築き上げた城が、滅びてしまった。

アンスィーズィング
unceasing

辣腕

らつわん

非常に能力がある。

有能な部員が辣腕を振るう。

シュルードネス
shrewdness

歴任

れきにん

次々に立派な職についてきたこと。

大臣のポストを歴任する。

ホールド　ポスツ　サクセスィヴリー
hold posts successively

public パブリック

公衆。大衆。

この道はパブリックな場です。

牽強付会

けんきょうふかい

強引なこじつけ。

牽強付会の説をなす。

ファーフェッチト
far-fetched

遡行

そこう

流れを上流にさかのぼって行くこと。

川を遡行する魚。

アップストリーム
upstream

dealer
ディーラー
販売業者。
自動車ディーラーから見積もりを取る。

うらぶれる
落ちぶれてみすぼらしい様子になる。
うらぶれた生活を送る。
become shabby（ビカム　シャビー）

足繁く（あししげく）
たびたび行くさま。
足繁く図書館に通う。
visit frequently（ヴィズィット　フリークエントリィー）

疾風（はやて）
急に激しく吹き起こる風。
疾風のごとく通り過ぎる。
gale（ゲイル）

金は天下の回り物
かねはてんかのまわりもの
今はお金が無い人の所にもいつかは回ってくるという励まし。
Money comes and goes.
お金は出たり入ったりするものだ。

遣らずもがな（やらずもがな）
やらなくていい。
失策で遣らずもがなの得点を与えてしまう。
needn't be done（ニードント　ビー　ダン）

あくが抜ける（あくがぬける）
人の性質や容姿に、いやみやあくどさがなくなる。
すっかりあくが抜けた顔つき。
become refined（ビカム　リファインド）

かませ犬（かませいぬ）
主役を引き立て、場面を盛り上げるためのやられ役。
まずはかませ犬を送り出す。
foil（フォイル）

惻隠の情（そくいんのじょう）
哀れに思う気持ち。
惻隠の情にかられる。
compassion（コンパッション）

御法度（ごはっと）

禁じられている事柄。

ここでの喫煙は御法度だ。

taboo（タブー）

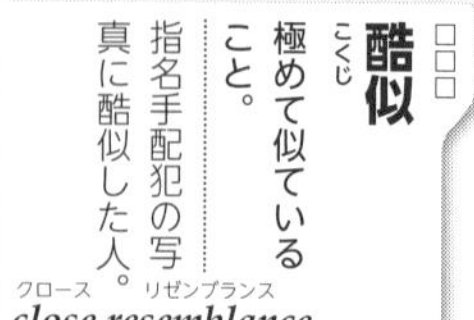

酷似（こくじ）

極めて似ていること。

指名手配犯の写真に酷似した人。

close resemblance（クロース リゼンブランス）

向こうを張る（むこうをはる）

張り合う。

相手の向こうを張って特訓する。

rival（ライヴァル）

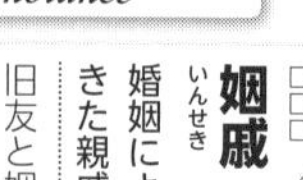

姻戚（いんせき）

婚姻によってできた親戚。

旧友と姻戚関係になる。

relative by marriage（レラティヴ バイ マリッジ）

心の丈（こころのたけ）

思うことの全て。

親友に心の丈を打ち明ける。

everything one feels（エヴリスィング ワン フイールズ）

吐しゃ（としゃ）

吐くことと腹をくだすこと。

車に酔ってトイレで吐しゃする。

vomiting（ヴォミティング）

医者の不養生

いしゃのふようじょう

わかっていても、自分ではなかなか実行しないこと。

Doctors make the worst patients.

医者が一番厄介な患者だ。

primitive

プリミティブ

原始的なさま。

プリミティブな考えに立ち返る。

寒心に堪えない（かんしんにたえない）

心配でたまらない。

風紀の乱れは寒心に堪えない。

deplorable（ディプロアブル）

LEVEL 1

手管（てくだ）

人をうまく操ったり、ごまかしたりする方法や技術。

卑怯な手管を使う。

art of handling people（アート オブ ハンドリング ピープル）

終焉（しゅうえん）

終わること。

幼年時代の終焉。

end（エンド）

雪辱（せつじょく）

恥を消すこと。

次の試合で必ず雪辱する。

revenge（リヴェンジ）

item アイテム

項目。品物。

あの店に行けば、必要なアイテムが手に入る。

勘案（かんあん）

諸事情を考えあわせること。

諸般の事情を勘案して検討する。

consideration（コンスィダレーション）

一朝一夕（いっちょういっせき）

短い時間。

りっぱな仕事は一朝一夕にできるものではない。

a short while（ア ショート ホワイル）

LEVEL 2

表象（ひょうしょう）

象徴。シンボル。

鳩は平和の表象だ。

symbol（スィンボル）

辛気臭い（しんきくさい）

思うようにならず、いらいらするさま。

辛気臭い仕事に嫌気がさす。

irritating（イリテイティング）

LEVEL 3

議論倒れ（ぎろんだおれ）

議論だけはよくするが、一向に結論が出ない。

毎度の議論倒れに終わってしまう。

empty discussion（エンプティ ディスカッション）

権謀術数（けんぼうじゅっすう）

人をあざむく企み。

権謀術数をめぐらす。

Machiavellianism（マキャヴェリアニズム）

□□□
不言実行
ふげんじっこう
あれこれ言わずに黙って実行すること。
今は不言実行の時だ。
プット イントゥ プラクティス サイレントリー
put into practice silently

□□□
剥離
はくり
はがれること。
網膜が剥離する。
ピール オフ
peel off

□□□
禍根
かこん
災いのもと。
彼の取った行動が、後に大きな禍根を残した。
コーズ オブ トラブルズ
cause of troubles

□□□
鈍化
どんか
勢いがにぶくなること。
不況により、消費活動が鈍化する。
ビカム ダル
become dull

□□□
結実
けつじつ
努力した結果として、成果が得られること。
努力が結実して大成する。
フルーイション
fruition

□□□
ふりの客
ふりのきゃく
紹介や予約なしで来店する客。
ふりのお客さんは、お断りしています。
ウォークイン
walk-in

□□□
ビビッド
vivid
いきいきとしているさま。鮮やかなさま。
ビビッドな描写に満ちた漫画。

□□□
武士の情け
ぶしのなさけ
強い者が弱い者をあわれんで思いやること。
武士の情けで見逃してやる。
サムライズ コンパッション
Samurai's compassion

□□□
義を見てせざるは勇無きなり
ぎをみてせざるはゆうなきなり
正義と知りつつそれをしないのは、勇気がないのと同じである。

Neither seek nor shun the fight.
強いて争いを求めてはいけないし、あえて争いを避けてもいけない。

LEVEL 1

改竄（かいざん）
文書の字句などを書き直してしまうこと。
大幅に改竄された研究データ。
falsification（フォールスィフィケーション）

机上の空論（きじょうのくうろん）
実際にはできない、役に立たない意見や考え。
君の理屈は机上の空論にすぎない。
idle theory on desk（アイドル セオリー オン デスク）

いかんせん
残念ながら。
いかんせん時間に余裕がない。
can't be helped（キャント ビー ヘルプト）

読点（とうてん）
文中の「、」。
読点が多すぎる文章。
punctuation（パンクチュエーション）

LEVEL 2

屈従（くつじゅう）
相手を恐れ、仕方なく言いなりになること。
権力者にひたすら屈従する。
submission（サブミッション）

興亡（こうぼう）
おこることと、滅びること。
ある古代文明の興亡。
rise and fall（ライズ アンド フォール）

埒外（らちがい）
範囲の外。
それは私の関心の埒外だ。
out of bounds（アウト オブ バウンズ）

慇懃無礼（いんぎんぶれい）
表面的には丁寧だが、実は人を見下げていること。
慇懃無礼な態度が気に障る。
feigned politeness（フェーンド ポライトネス）

LEVEL 3

animism
アニミズム
自然界の物事に霊魂などの存在を認め、信仰すること。
アニミズムから生まれた古代の美術。

蠱惑（こわく）
人の心をひきつけて惑わすこと。
蠱惑的な宣伝につられてしまう。
fascination（ファスィネーション）

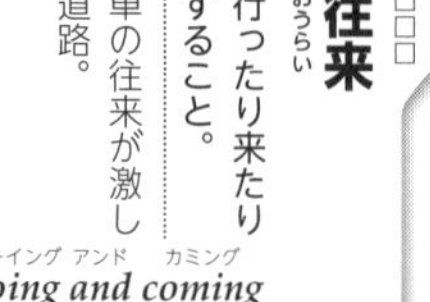

□□□
往来（おうらい）
行ったり来たりすること。
車の往来が激しい道路。
ゴーイング アンド カミング
going and coming

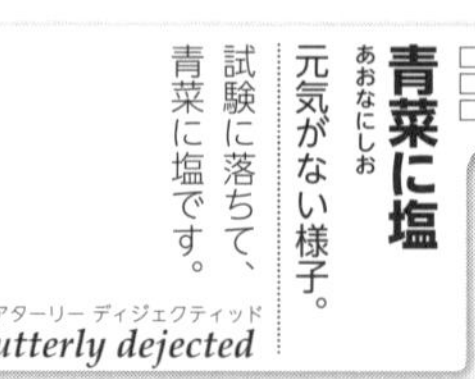

□□□
青菜に塩（あおなにしお）
元気がない様子。
試験に落ちて、青菜に塩です。
アターリー ディジェクティッド
utterly dejected

□□□
逡巡（しゅんじゅん）
決断をためらうこと。
どちらへ進むべきか逡巡する。
ヘズィテーション
hesitation

□□□
薄利多売（はくりたばい）
利益を少なくし、たくさん売ることでもうけること。
薄利多売の販売方法。
ローマージン　ハイターンオーヴァー
low-margin, high-turnover

□□□
秋なすは嫁に食わすな
あきなすはよめにくわすな
おいしい秋のなすは、もったいないから嫁には食べさせるなという姑の嫁いびりの言葉。（「おいしいため食べ過ぎてお腹をこわすから〜」という意味も有）

Don't feed autumn eggplant to your wife.（直訳）

□□□
命題（めいだい）
解決しなければならない問題。
新たな命題を提示される。
プロポズィション
proposition

□□□
没交渉（ぼっこうしょう）
交渉がないこと。無関係であること。
世間とは没交渉な生活。
インディペンデント
independent

□□□
罹災（りさい）
地震・火事などの災害にあうこと。
罹災した人々の救援に向かう。
サファリング
suffering

□□□
organize
オーガナイズ
組織すること。
計画すること。
しっかりオーガナイズされたチーム。

LEVEL 1

旅は道づれ世は情け

たびはみちづれよはなさけ

旅は連れがいる方がよく、世の中は人情があるとうまくいくということ。

When shared, joy is doubled and sorrow halved.

分かち合えば喜びは倍増し、悲しみは半減する。

忖度（そんたく）

他人の気持ちを考えること。

相手の心情を忖度する。

guess（ゲス）

厭世（えんせい）

この世や人生をつまらなく嫌なものと思うこと。

厭世的な気分に陥る。

pessimism（ペスィミズム）

背理（はいり）

理屈に合わないこと。

その論法は背理している。

irrationality（イレーショナリティー）

logic

ロジック

論理。

明快なロジックを述べる。

寡占（かせん）

少数の企業が市場を占めること。

一社の寡占状態にある業界。

oligopoly（オリガパリー）

戦局（せんきょく）

戦争・争いごとの状況。

戦局は有利に運んでいる。

state of war（ステート オブ ウォー）

2

軽挙妄動（けいきょもうどう）

深く考えずに、軽々しく行動すること。

軽挙妄動を戒める。

behave carelessly（ビヘイヴ ケアレスリー）

畢竟するに（ひっきょうするに）

要するに。

畢竟するに、私の不満はそこにある。

after all（アフター オール）

3

敵は本能寺にあり

てきはほんのうじにあり

□□□

真の目的は別なところにあるということ。

He that wipes the child's nose kisses the mother's cheek.

子どもの鼻をふいてやる者は、その母の頬にキスをする。

□□□
下馬評（げばひょう）
第三者が興味本位にする噂・批評。
評論家たちの下馬評が気になる。
reputation（レピュテーション）

□□□
功利（こうり）
名誉や利益。
功利主義に徹した企業。
utility（ユーティリティー）

□□□
機先を制する（きせんをせいする）
相手より先に行動して、その勢いをくじく。
機先を制して攻勢に転じる。
outmaneuver in advance（アウトマヌーヴァー イン アドヴァンス）

□□□
愁嘆（しゅうたん）
なげき悲しむこと。
あまりの不運を愁嘆する。
sorrow（ソロー）

□□□
源氏名（げんじな）
芸者やホステスなどの呼称。
それは彼女の源氏名に過ぎない。
professional name（プロフェッショナル ネーム）

□□□
称揚（しょうよう）
ほめたたえること。
素晴らしい業績を称揚する。
praise（プレーズ）

□□□
故事来歴（こじらいれき）
事柄について伝えられてきた歴史。
古墳の故事来歴を研究する。
origin and history（オリジン アンド ヒストリー）

□□□
杳として（ようとして）
事情などがはっきりしないさま。
杳として消息が知れない。
no clue（ノー クルー）

LEVEL 1

□□□
言い得て妙
いいえてみょう
巧みに言い表しているさま。
言い得て妙な表現。
パーフェクト フレーズィング
perfect phrasing

□□□
野に下る
やにくだる
役人などを退いて、民間の生活に入る。
議員を退職して野に下る。
リーヴ ガヴァメント サービス
leave government service

□□□
摩耗
まもう
擦り減ること。
摩耗したマットを取りかえる。
アブレージョン
abrasion

□□□
開口一番
かいこういちばん
何かを言いだすとすぐに。
彼は開口一番相手を批判した。
ヴェリー ビギニング オブ スピーチ
very beginning of speech

2

□□□
天誅
てんちゅう
天の下す罰。
悪人たちに天誅を下す。
ヘヴンズ パニシュメント
heaven's punishment

□□□
沙汰やみ
さたやみ
命令や計画などが中止になること。
かねてからの計画が沙汰やみになる。
ギヴン アップ
given up

□□□
prologue
プロローグ
小説や演劇などの前置きの短い部分。
プロローグから小説に引き込まれる。

□□□
寓意
ぐうい
ある意味を直接には表さず、別の物事で表すこと。
寓意が含まれた物語。
アレゴリー
allegory

3

□□□
饗応
きょうおう
酒や食事などを出してもてなすこと。
派手な饗応を受ける。
エンターテインメント
entertainment

すごい!!
どうぞ

ethnic
エスニック

風俗・習慣などが民族特有であるさま。

エスニック料理を楽しむ。

帰依（きえ）

神や仏を信じ、その力にすがること。

仏様に帰依する。

ディヴォーション
devotion

筆致（ひっち）

文章などの書かれた様子。

しっかりとした筆致で書かれた文章。

タッチ
touch

桃源郷（とうげんきょう）

一般の世間を離れた、平和な世界。

まるで桃源郷のような美しい世界。

ユートピア
utopia

窮余の一策（きゅうよのいっさく）

苦し紛れの手段。

追い詰められて、窮余の一策を講じる。

ラスト　リゾート
last resort

定例（ていれい）

以前からの定まったやり方。定期的に行うことになっていること。

定例に従って判断を下す。

レギュラー
regular

爛熟（らんじゅく）

果物などが熟し過ぎること。

爛熟したメロン。

オーヴァーライプ
overripe

routine
ルーチン

決まっている日常の仕事や事柄。

ルーチンワークに精を出す。

金科玉条（きんかぎょくじょう）

最も大切な決まり。

家族のモットーを金科玉条とする。

ゴールデン　ルール
golden rule

碩学（せきがく）

修めた学問が広く深いこと。

碩学の老学者。

エルディション
erudition

LEVEL

学問に王道なし

がくもんにおうどうなし

□□□

学問を修めるのに、安易な方法はないということ。

There is no royal road to learning.

学問に王道なし。

□□□
清浄（せいじょう）
清らかで、けがれのないこと。
清浄な空気を吸う。
ピュリティー
purity

□□□
冗長（じょうちょう）
文や話などが、無駄が多くて長いこと。
話が冗長に流れている。
ヴァーボスィティー
verbosity

1

□□□
下座（しもざ）
目下の者が座る席。
応接室の上座と下座。
ロウアー スイート
lower seat

□□□
諦念（ていねん）
悟って迷わない心。また、あきらめの気持ち。
何もかも諦念したような態度。
レズィグネーション
resignation

□□□
気宇壮大（きうそうだい）
物事に対する心がまえが大きく立派なこと。
気宇壮大な人柄。
マグナニマス
magnanimous

□□□
ひねもす
朝から晩まで続くさま。
ひねもす外出しています。
オール デイ
all day

2

□□□
交誼（こうぎ）
心が通じ合った交際。
かつてのライバル同士が交誼を結ぶ。
フレンドシップ
friendship

□□□
天稟（てんぴん）
生まれつきの才能。
天稟を十二分に発揮する。
ナチュラル タレント
natural talent

3

□□□
合いの手（あいのて）

間に入る音や声。

太鼓の演奏に合いの手を入れる。

accompaniment（アカンパニメント）

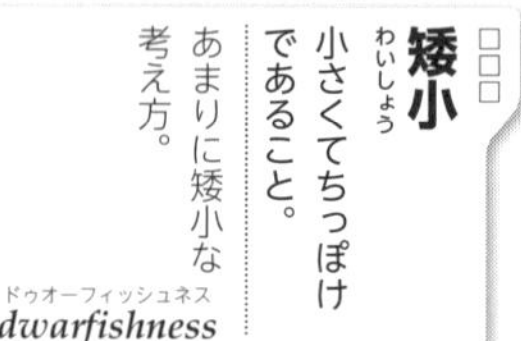

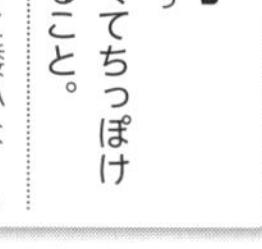

□□□
矮小（わいしょう）

小さくてちっぽけであること。

あまりに矮小な考え方。

dwarfishness（ドゥオーフィッシュネス）

□□□
誘発（ゆうはつ）

あることが他のことを引き起こす。

犯罪を誘発する環境。

induction（インダクション）

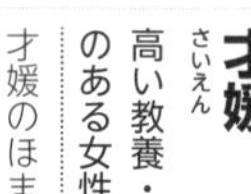

□□□
才媛（さいえん）

高い教養・才能のある女性。

才媛のほまれが高い人。

talented woman（タレンティッド　ウーマン）

□□□
下卑る（げびる）

品がなく、卑しく見える。

下卑た笑い声を上げる。

coarsen（コーアセン）

□□□
取るものも取りあえず（とるものもとりあえず）

あわてて行うさま。

取るものも取りあえず出かける。

leaving everything else（リーヴィング　エヴリスィング　エルス）

小異を捨てて大同につく

しょういをすててだいどうにつく

□□□

意見の多少の違いは無視して、主な意見に従うこと。

Sink difference for the common good.

皆の支持を集めることのために個を捨てる。

□□□
星霜を経る（せいそうをへる）

年月を経る。

あの大事件から幾星霜を経て今日に至る。

many years pass（メニー　イヤーズ　パス）

caricature

カリカチュア

□□□

特徴を大げさに強調して描いた人物画。

この漫画は極端なカリカチュアだ。

LEVEL 1

chaos
カオス
混沌。
宇宙空間はカオスな状態だ。

家父長（かふちょう）
権力者である父。
家父長制は古い時代の家族形態だ。
patriarch（ペイトゥリアーク）

軋轢（あつれき）
仲が悪くなること。いざこざ。
双方の間に軋轢が生じる。
friction（フリクション）

あられもない
あるはずがない。考えられない。とんでもない。
あられもない疑いをかけられる。
indecent（インディーセント）

攪拌（かくはん）
かき混ぜること。
卵の白身を攪拌する。
stir（スター）

甲論乙駁（こうろんおつばく）
意見が一致しない。
甲論乙駁で論議がまとまらない。
arguments pro and con（アーギュメンツ　プロウ アンド　コン）

2

案にたがわず（あんにたがわず）
かねて予想していたとおり。
案にたがわず事態が進展している。
as expected（アズ エクスペクティッド）

猥雑（わいざつ）
ごたごたと入り乱れていること。
都会の猥雑な裏通り。
disorder（ディスオーダー）

3

消長（しょうちょう）
勢いが衰えたり、盛んになったりすること。
相手の勢力が消長する。
ups and downs（アップス アンド　ダウンズ）

此岸（しがん）
悩みの多い現実世界。この世。
彼岸と此岸。
this world（ズィス　ワールド）

□□□
飽食
ほうしょく
飽きるほど食べること。
飽食の時代。
セイシエーション
satiation

□□□
揶揄
やゆ
からかうこと。
人を揶揄するのは良くない。
ティーズ
tease

親しき仲にも礼儀あり
したしきなかにもれいぎあり
□□□
どんなに親しい仲でも、守るべき礼儀があるということ。

A hedge between keeps friendship green.
間に垣根があると友情はいきいきと保たれる。

□□□
意を尽くす
いをつくす
考えを全て言い表す。
意を尽くした説明に納得する。
フリー　エクスプレス　フィーリングズ
fully express feelings

□□□
零落
れいらく
落ちぶれること。
零落してひっそりと暮らす。
ダウン　アンド　アウト
down and out

□□□
逃避行
とうひこう
世間から逃れ、移り歩いたり隠れ住んだりすること。
数年に及ぶ逃避行。
ヘジャイラ
hegira

□□□
古色蒼然
こしょくそうぜん
古びてあせたさま。
古色蒼然とした家並み。
アンティーク　ルッキング
antique-looking

□□□
私淑
ししゅく
ひそかにその人を師と考えて尊敬し、模範として学ぶこと。
私淑する書道家。
アドア
adore

□□□
巨星墜つ
きょせいおつ
大物が死ぬ。
画壇の巨星墜つ。
デス　オブ ア　グレート　マン
death of a great man

LEVEL 1

retro
レトロ
□□□
昔風で懐かしさのある様子。

レトロな遊びに興じる。

□□□
見切り発車
みきりはっしゃ
十分な検討がないまま、実行に移すこと。

新制度が、見切り発車で決定された。

ヘースティー スタート
hasty start

□□□
煙幕を張る
えんまくをはる
本当のことを知られないように、ごまかしたりすること。

煙幕を張って追及をかわす。

ディセンブル
dissemble

LEVEL 2

□□□
所業
しょぎょう
行い。

理解できない所業。

アクト
act

□□□
深淵
しんえん
奥深く底知れないこと。

魂の深淵にある信仰心。

アビス
abyss

□□□
悠久
ゆうきゅう
はるか昔からずっと長く続くこと。

悠久の大自然に思いをはせる。

エターニティー
eternity

camphor
カンフル
□□□
だめになりかけた物事を復活させるのに効果のあるもの。

景気回復のカンフル剤。

LEVEL 3

□□□
焦眉の急
しょうびのきゅう
近くに迫った危険。

事態が焦眉の急を告げる。

アージェント ニード
urgent need

□□□
無謬
むびゅう
理論や判断に間違いがないこと。

論理の無謬性を証明する。

インエランスィー
inerrancy

nominate
ノミネート
候補に指名すること。

賞にノミネートされる。

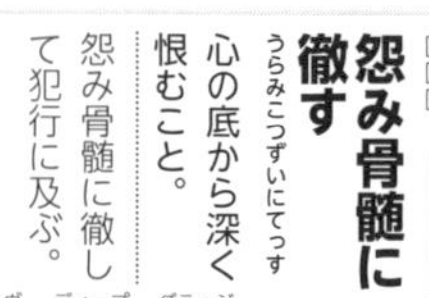

怨み骨髄に徹す（うらみこつずいにてっす）
心の底から深く恨むこと。

怨み骨髄に徹して犯行に及ぶ。

have deep grudge（ハヴ ディープ グラッジ）

杞憂（きゆう）
心配する必要のないことを心配すること。

君の心配事は杞憂に過ぎない。

useless worry（ユースレス ウォリー）

造詣（ぞうけい）
学問、芸術について深い知識と理解を持っていること。

彼は美術に造詣が深い。

deep knowledge（ディープ ノレッジ）

獅子奮迅（ししふんじん）
激しい勢いで物事を行うこと。

獅子奮迅の活躍。

furious efforts（フュリアス エフォーツ）

急先鋒（きゅうせんぽう）
真っ先に立つこと・人。

改革派の急先鋒に立つ。

forefront（フォアフロント）

すこぶるつき
程度が非常にはなはだしいこと。

すこぶるつきの美人。

notorious（ノトリアス）

高次（こうじ）
高い程度。

より高次の議論を求める。

high degree（ハイ ディグリー）

親方日の丸（おやかたひのまる）
倒産の心配はないなど、真剣味に欠けた意識を皮肉っていう語。

親方日の丸体質から抜け切れない。

dependence on the government（ディペンデンス オン ザ ガヴァーンメント）

lyricism
リリシズム
叙情詩的な趣や味わい。

リリシズムにあふれた小曲。

委任（いにん）
他の人にまかせること。
議長に委任する。
entrust（エントラスト）

糾弾（きゅうだん）
罪や責任を問いただして、非難すること。
ルール違反を厳しく糾弾する。
condemnation（コンデムネーション）

一掃（いっそう）
すっかり払いのけること。
皆の不安を一掃する。
sweep（スウィープ）

一日の長（いちじつのちょう）
知識や技が人よりも少し勝っていること。
英語は海外生活が長い彼女に一日の長がある。
superiority（スペリオリティー）

依拠（いきょ）
物事の基礎とすること。
住民に依拠した市政を行う。
reliance（リライアンス）

cosmos
コスモス
秩序。
「コスモス」の反対語は「カオス（混沌）」です。

諳んじる（そらんじる）
暗記する。
長いセリフを諳んじる。
memorize（メモライズ）

玄人はだし（くろうとはだし）
素人なのに、本職が恥ずかしくなるほど、技芸や学問などに優れていること。
玄人はだしの技術。
outdo professionals（アウトドゥ プロフェッショナルズ）

猫の首に鈴をつける
ねこのくびにすずをつける

計画では良くても、いざ行うとなると引き受け手がいないほど難しい。

Who is to bell the cat?
誰が猫に鈴をつけるというのか？

□□□
割を食う
わりをくう
損をする。
正直者が割を食う。
プットアット ディスアドヴァンテージ
put at disadvantage

□□□
海のものとも山のものともつかない
うみのものともやまのものともつかない
どういうものなのか、まったく見当がつかないこと。
弟は画家を目指しているが、まだ海のものとも山のものともつかない。
イン ズィ エアー
in the air

□□□
子はかすがい
こはかすがい
子に対する愛情が、夫婦の愛情も深めてくれるということ。
A child is the pledge of affection.
子どもは愛情の約束である。

□□□
冗漫
じょうまん
表現に締まりがなく、無駄が多いこと。
冗漫な説明文にうんざりする。
ヴァーボス
verbose

□□□
機に乗じる
きにじょうじる
好都合な状況や時期をうまく利用する。
機に乗じて攻撃を仕掛ける。
テーク アドヴァンテージ
take advantage

□□□
魑魅魍魎
ちみもうりょう
様々な妖怪。
魑魅魍魎が跋扈（ばっこ）する世の中。
イヴィル スピリッツ オブ リヴァーズ アンド マウンテンズ
evil spirits of rivers and mountains

□□□
野趣
やしゅ
自然のおもむき。
野趣に富む料理。
ラスティスィティー
rusticity

□□□
頂門の一針
ちょうもんのいっしん
人の急所を突いた、厳しい戒めのこと。
頂門の一針をしかと心に刻む。
ピアースィング リプローチ
piercing reproach

□□□
注進
ちゅうしん
急いで目上の人に報告すること。
結果を上司に注進する。
インフォーミング
informing

半死半生（はんしはんしょう）□□□
今にも死にそうなありさま。
彼は半死半生で横たわっていた。
almost dead（オールモスト デッド）

延命（えんめい）□□□
寿命を延ばすこと。
内閣が必死の延命を図る。
prolong life（プロロング ライフ）

三昧（さんまい（ざんまい））□□□
心を一つの対象に集中し、動揺しない状態。
ぜいたく三昧な生活。
absorption（アブソープション）

用命（ようめい）□□□
用を言いつけること。注文。
何なりと御用命下さい。
order（オーダー）

蛮行（ばんこう）□□□
野蛮な行為。
凶悪犯の蛮行を止める。
brutality（ブルータリティー）

traditional
トラディショナル □□□
伝統的であるさま。
トラディショナルな舞踊。

綾なす（あやなす）□□□
美しい模様や色で飾る。
もみじが綾なす秋の山々。
decorate beautifully（デコレート ビューティフリー）

原体験（げんたいけん）□□□
記憶の底にいつまでも残る、幼い頃の体験。
未だに残っている、幼少期の原体験。
formative experience（フォーマティヴ エクスペリエンス）

暇に飽かせて（ひまにあかせて）□□□
暇があるのをいいことに、多くの時間を費やす。
暇に飽かせて読書にふける。
at leisure（アット リージュア）

峻厳（しゅんげん）□□□
非常に厳しいこと。
峻厳な態度を崩さない。
stern（スターン）

□□□
万物流転（ばんぶつるてん）
この世の全てのものは、変化してやまないということ。

万物流転の法則に従う。

everything is constantly changing（エヴリスィング イズ コンスタントリー チェンジング）

□□□
行脚（あんぎゃ）
諸国を歩き回ること。

全国行脚を行う。

pilgrimage（ピルグリメッジ）

□□□
昵懇（じっこん）
親しく打ち解けてつきあうこと。

二人は昵懇な間柄だ。

intimacy（インティマスィー）

□□□
和して同ぜず（わしてどうぜず）
仲よく交際はしても、自分の考えを曲げたりしない。

和して同ぜずが彼のスタイルだ。

harmonize but not agree（ハーモナイズ バット ノット アグリー）

□□□
しじま
静まりかえって、物音一つしないこと。

夜のしじま。

silence（サイレンス）

□□□
昇華（しょうか）
物事が一段上の状態に高められること。

作家の努力が昇華され、名作が生まれた。

sublimation（サブリメーション）

□□□
眼窩（がんか）
眼球の入っているくぼみ。

あまりの疲労で眼窩が陥没する。

orbit（オービット）

□□□
失念（しつねん）
うっかり忘れること。

つい約束を失念してしまった。

forget（フォーゲット）

□□□
止揚（しよう）
矛盾することを否定せず、より高いレベルで解決すること。

二つの対立概念を止揚する。

sublation（サブレーション）

□□□
年端もいかぬ（としはもいかぬ）
まだ幼い。

年端もいかない子ども。

tender years（テンダー イヤーズ）

□□□
朝駆け（あさがけ）
朝早く出かけること。
夜討ち朝駆けの取材活動。
アーリー モーニング ライド
early morning ride

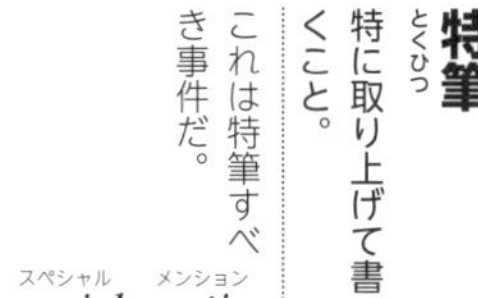

□□□
特筆（とくひつ）
特に取り上げて書くこと。
これは特筆すべき事件だ。
スペシャル メンション
special mention

□□□
闊歩（かっぽ）
威張って歩くこと、思うままに行動すること。
校内を闊歩する。
ストーク
stalk

□□□
fiancé(e)
フィアンセ
婚約者。
両親にフィアンセを紹介する。

□□□
託宣（たくせん）
神仏のお告げ。
天からの御託宣が降りてくる。
オラクル
oracle

□□□
縁（よすが）
たよりにするところ。手がかり。
彼女からの葉書を思い出の縁とする。
クルー
clue

□□□
天網恢恢疎にして漏らさず
てんもうかいかいそにしてもらさず
天罰を逃れることは決してできないということ。
Heaven's vengeance is slow but sure.
天の報いはゆっくりと確実にやってくる。

□□□
六十の手習い（ろくじゅうのてならい）
年をとってから物事を習うたとえ。
六十の手習いで料理を習い始めた。
ノット オールド トゥラーン
not old to learn

□□□
幸甚の至り（こうじんのいたり）
大変ありがたく思うこと。
おいでいただき幸甚の至りに存じます。
エクストリームリーグラッド
extremely glad

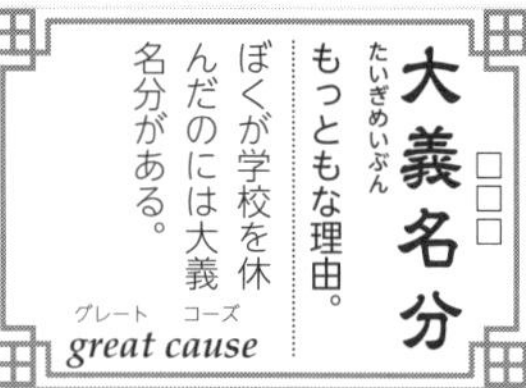

□□□

大義名分（たいぎめいぶん）

もっともな理由。

ぼくが学校を休んだのには大義名分がある。

great cause（グレート　コーズ）

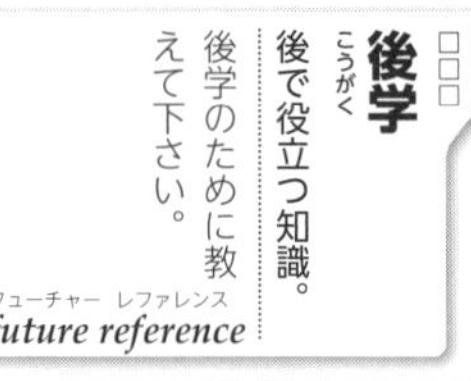

□□□

後学（こうがく）

後で役立つ知識。

後学のために教えて下さい。

future reference（フューチャー　レファレンス）

□□□

あにはからんや

意外にも。まったく思わなかったが。

あにはからんや、彼女が犯人だったとは！

unexpectedly（アンエクスペクティッドリー）

□□□

参詣（さんけい）

神社やお寺にお参りすること。

近くの神社に参詣する。

pilgrimage（ピルグリメッジ）

□□□

廉価（れんか）

安い値段。

商品を廉価で購入する。

low price（ロー　プライス）

□□□

潮目（しおめ）

物事の情勢が大きく変わろうとする時。流れゆく物事が向かう方向。

社会情勢の潮目を読む。

current rip（カレント　リップ）

□□□

悪辣（あくらつ）

手段があくどいこと。

悪辣な手段。

vicious（ヴィシャス）

□□□

茫漠（ぼうばく）

広々としてとりとめのないさま。ぼんやりとして、はっきりしないさま。

茫漠たる内容の書物。

vague（ヴェイグ）

hommage

オマージュ

作者などに捧げる敬意。

偉大なギタリストにオマージュされた作品。

□□□

□□□

思案投げ首（しあんなげくび）

案が浮かばず、困りきって首を傾けていること。

思案投げ首の体（てい）。

at a loss（アット ア ロス）

LEVEL 1

motivation
モチベーション
意欲・やる気。きっかけ。
モチベーションを保つ。
□□□

□□□
あぐねる
思い通りにならず、困り果てる。
とどまるべきかどうか、考えあぐねる。
アットロス
at loss

□□□
言下（げんか）
相手の言葉が終わるか終らないうち。
依頼を言下に断わる。
イミーディエトリー
immediately

□□□
ハイカラ
流行を追ったり、新しいものを好んだりすること。
ハイカラな服装で登場する。
スタイリッシュ
stylish

2

□□□
拝金主義（はいきんしゅぎ）
金銭を最上のものとしてあがめること。
なりふり構わぬ拝金主義。
マモニズム
mammonism

□□□
驟雨（しゅうう）
急に降り出してすぐにやむ雨。
驟雨に打たれながら歩く。
シャワー
shower

□□□
一時期を画する（いちじきをかくする）
期間をはっきり区別する。
世界史に一時期を画した革命。
ディマーケイティング アン エラ
demarcating an era

□□□
車座（くるまざ）
大勢で輪になって座る。
車座になって語り合う。
スイット イン サークル
sit in circle

3

□□□
思い半ばに過ぎる（おもいなかばにすぎる）
考えてみて思い当たることが多い。
彼の性格を思えば、その行動は思い半ばに過ぎるものがある。
イマジナブル
imaginable

□□□
件（くだん）
前に述べたこと。例の。
件の用件で相談させて下さい。
リガーディング ザ イシュー
regarding the issue

□□□
迷彩（めいさい）
他の物と区別がつきにくいような色や模様にすること。
完璧な迷彩を施す。
camouflage（キャモフラージュ）

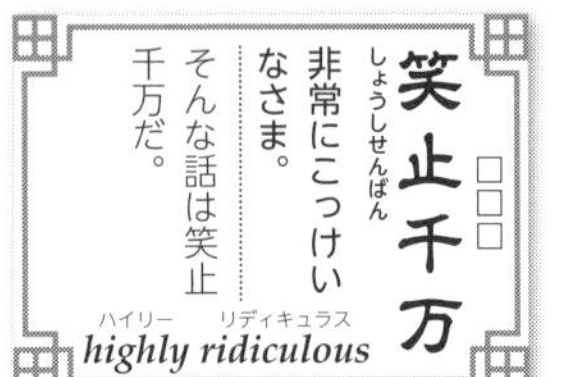

□□□
眼力（がんりき）
物事を見分ける力。
眼力に優れた評論家。
power of observation（パワー　オブ　オブザヴェーション）

□□□
基調（きちょう）
底にある基本的な考え・傾向。
黒を基調としたデザイン。
keynote（キーノート）

□□□
裁量（さいりょう）
自分の考えで行うこと。
部下の裁量に任せる。
discretion（ディスクレション）

□□□
性善説（せいぜんせつ）
人間はもともと善であるとする考え方。
性善説を説く思想家。
doctrine of good human nature（ドクトリン　オブ　グッド　ヒューマン　ネーチャー）

□□□
catering
ケータリング
料理を家庭に配達すること。
ケータリングサービスを利用する。

□□□
白湯（さゆ）
水を沸かしただけの湯。
胃腸を壊したので白湯だけ飲む。
hot water（ホット　ウォーター）

□□□
閑却（かんきゃく）
いいかげんにしておくこと。
それは閑却し得ない大問題だ。
negligence（ネグリジェンス）

□□□
欣喜雀躍（きんきじゃくやく）
飛び跳ねるように喜ぶこと。
受賞の知らせに欣喜雀躍する。
leap with joy（リープ　ウィズ　ジョイ）

LEVEL 1

疎んじる（うとんじる）
うっとうしく思う。
友達に疎んじられる。
neglect（ネグレクト）

ミサ *mass*
カトリックで「最後の晩餐」を再現した儀式
教会でミサを捧げる。

子細（しさい）
細かなこと。詳しいこと。
子細な調査を行う。
detail（ディテール）

我を張る（がをはる）
自分の考えを強く押し通そうとする。
つまらないことで我を張る。
stick to opinion（スティックトゥ オピニオン）

遠くて近きは男女の仲

とおくてちかきはだんじょのなか

男と女は遠く離れているようで、意外と結びつきやすいということ。

Man is fire, and woman tow.

男は火で女は麻くずだ。

LEVEL 2

売り手市場（うりてしじょう）
売り手が買い手に対して有利な立場にある市場の状態。
就職戦線は売り手市場が続いている。
seller's market（セラーズ マーケット）

条理（じょうり）
物事の筋道。
条理を立てて事に当たる。
reason（リーズン）

LEVEL 3

インターフェイス *interface*
人間とコンピュータなどの間にある手順。
人とコンピュータのインターフェイス。

逍遥（しょうよう）
気ままにあちこちを歩き回ること。
街中を逍遥する。
stroll（ストロール）

patissier パティシエ

ケーキなどの菓子職人。

パティシエを目指して修行する。

ないまぜ

性質の違うものを混ぜ合わせること。

あることないことをないまぜにして話す。

mix（ミックス）

当て推量（あてずいりょう）

根拠もなく推理すること。あてずっぽう。

当て推量で物事を判断する。

wild guess（ワイルド ゲス）

換言すれば（かんげんすれば）

言いかえれば。

その主張を換言すれば、このようなことだ。

in other words（イン アザー ワーズ）

面変わり（おもがわり）

年をとるなどして、顔つきが変わること。

老けてすっかり面変わりする。

change in looks（チェンジ イン ルックス）

不倶戴天（ふぐたいてん）

深く恨むこと。

不倶戴天の敵と相対する。

irreconcilable（イリコンスィラブル）

準拠（じゅんきょ）

よりどころとして従うこと。

史実に準拠した大河小説。

follow（フォロー）

覚えめでたい（おぼえめでたい）

目上の人からの評判が良いこと。

幹部の覚えめでたい社員。

stand high in superior's trust（スタンド ハイ イン サペリアーズ トラスト）

事大主義（じだいしゅぎ）

自分の信念をもたず、力あるところについて自分を守ろうとする姿勢。

悪しき事大主義。

trimming policy（トリミング ポリスィー）

LEVEL 1

□□□
背中を押す（せなかをおす）
励まして押し出す。
監督がはっぱをかけて、選手たちの背中を押す。
support（サポート）

□□□
安閑（あんかん）
気楽な様子。
安閑としている場合ではない。
easygoingness（イーズィーゴーイングネス）

□□□
いとけない
幼い。あどけない。
いとけない子のしぐさは何とも愛らしい。
infantile（インファンタイル）

□□□
末裔（まつえい）
子孫。
彼は人気武将の末裔だそうだ。
descendant（ディセンダント）

LEVEL 2

□□□
captaincy
キャプテンシー
キャプテンとしてチームを統率する力。
キャプテンシーを十二分に発揮する。

□□□
横紙破り（よこがみやぶり）
自分の意見を無理に押し通すこと。
祖父は横紙破りな人物だ。
act illogically（アクト イロジカリー）

□□□
仰せ（おおせ）
ご命令。お言葉。
実情は仰せのとおりです。
order（オーダー）

□□□
好一対（こういっつい）
好ましい組み合わせ。
好一対のカップル。
good match（グッド マッチ）

LEVEL 3

□□□
意を体する（いをたいする）
人の考えや気持ちを理解し、それに従う。
先輩の意を体して事に当たる。
comply（コンプライ）

□□□
observer
オブザーバー
会議などで、特別に出席を許された人。
オブザーバーとして会に出席する。

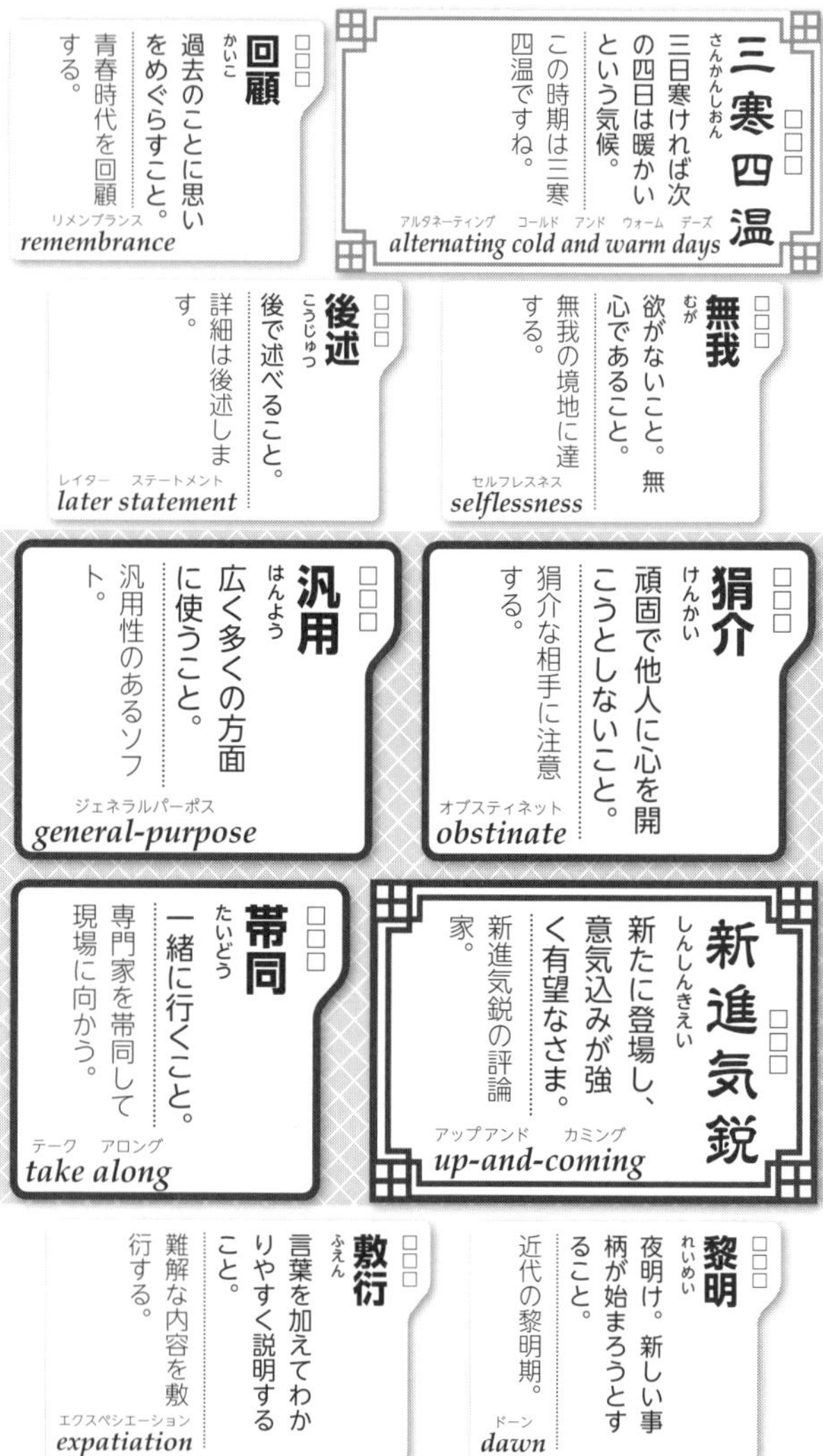

□□□
三寒四温
さんかんしおん

三日寒ければ次の四日は暖かいという気候。

この時期は三寒四温ですね。

アルタネーティング　コールド　アンド　ウォーム　デーズ
alternating cold and warm days

□□□
回顧
かいこ

過去のことに思いをめぐらすこと。

青春時代を回顧する。

リメンブランス
remembrance

□□□
無我
むが

欲がないこと。無心であること。

無我の境地に達する。

セルフレスネス
selflessness

□□□
後述
こうじゅつ

後で述べること。

詳細は後述します。

レイター　ステートメント
later statement

□□□
狷介
けんかい

頑固で他人に心を開こうとしないこと。

狷介な相手に注意する。

オブスティネット
obstinate

□□□
汎用
はんよう

広く多くの方面に使うこと。

汎用性のあるソフト。

ジェネラルパーポス
general-purpose

□□□
新進気鋭
しんしんきえい

新たに登場し、意気込みが強く有望なさま。

新進気鋭の評論家。

アップアンド　カミング
up-and-coming

□□□
帯同
たいどう

一緒に行くこと。

専門家を帯同して現場に向かう。

テーク　アロング
take along

□□□
黎明
れいめい

夜明け。新しい事柄が始まろうとすること。

近代の黎明期。

ドーン
dawn

□□□
敷衍
ふえん

言葉を加えてわかりやすく説明すること。

難解な内容を敷衍する。

エクスペシエーション
expatiation

LEVEL 1

□□□
威容
いよう
立派で威厳のある様子。
威容を誇る天守閣。
オソーリテーティヴ ルック
authoritative look

□□□
克己
こっき
自分の欲望や邪念に打ち勝つこと。
強い克己心で任務を全うする。
セルフリストレイント
self-restraint

□□□
船頭多くして船山にのぼる
せんどうおおくしてふねやまにのぼる
指示をする人が多すぎて、物事がうまくいかないこと。
Too many cooks spoil the broth.
コックが多すぎるとスープがうまくできない。

LEVEL 2

□□□
粛粛
しゅくしゅく
静かでおごそかなさま。
粛粛と事を進める。
ソレムリー
solemnly

□□□
core
コア
物の中心部。
コアとなる特質。

□□□
伝聞
でんぶん
人から伝え聞くこと。
これは伝聞に過ぎません。
ヒアセイ
hearsay

□□□
精緻
せいち
細かく正確であるさま。
精緻を極めたステンドグラス。
サトル
subtle

LEVEL 3

□□□
明鏡止水
めいきょうしすい
心が澄みきっている状態。
私は今、明鏡止水の心境です。
ピースフル ステート オブ マインド
peaceful state of mind

□□□
いまわの際
いまわのきわ
死ぬ時。
いまわの際に遺言を残す。
デス ベッド
death bed

□□□
薄氷を踏む（はくひょうをふむ）
危なっかしい様子。
薄氷を踏む思い。
walk on eggshells（ウォーク オン エッグシェルズ）

□□□
いぶし銀のよう（いぶしぎんのよう）
奥深さが感じられるさま。
いぶし銀のような味わいの骨董品。
refined（リファインド）

□□□
割れ鍋に綴じ蓋（われなべにとじぶた）
人には、ふさわしい結婚相手がいるということ。
Every Jack has his Jill.
どのジャックにもみな似合いのジルがいる。

□□□
寝穢い（いぎたない）
なかなか起きない。
寝穢く毎日を送る。
sound asleep（サウンド アスリープ）

□□□
面映ゆい（おもはゆい）
てれくさい。
ほめられて面映ゆい思いをする。
embarrassed（エンバラスト）

□□□
幇助（ほうじょ）
加勢すること。犯罪の手助けをすること。
自殺幇助の罪を問われる。
assistance（アスィスタンス）

□□□
小康（しょうこう）
病気や争いが少し治まること。
病気は小康状態にある。
lull（ラル）

□□□
形而上（けいじじょう）
形をこえたもの。無形。
形而上学的な思想。
metaphysical things（メタフィズィカル スィングス）

□□□
演繹（えんえき）
一般的なことをもとに、確実な結論を出す方法。
他の事柄も演繹して考える。
deduction（ディダクション）

□□□
固唾を呑む
かたずをのむ

状況を心配して、緊張している様子。

固唾を呑んで見守る。

ホールド ブレス
hold breath

□□□
下剋上
げこくじょう

下が上に勝つこと。

最下位チームが下剋上を果たす。

サプランティング サペリアー
supplanting superior

□□□
席巻
せっけん

激しい勢いで勢力を広げること。

市場を席巻している商品。

テーク バイ ストーム
take by storm

□□□
充填
じゅうてん

欠けているところなどに、ものを詰めてふさぐこと。

銃に弾丸を充填する。

フィル
fill

□□□
たゆたう

ゆらゆらと揺れ動いて、定まらない。

桟橋につながれた小舟がたゆたう。

フラッター
flutter

□□□
頭を垂れる
こうべをたれる

頭を前に下げる様子。

実るほど頭を垂れる稲穂かな。

ハング ヘッド
hang head

□□□
旗印
はたじるし

行動の目標として掲げる主義・主張。

弱点の強化を旗印にする。

スローガン
slogan

□□□
irony アイロニー

皮肉。あてこすり。

アイロニーに満ちた作品。

□□□
他流試合
たりゅうじあい

武術などで、他の流派の人とする試合。

毎年この時期に他流試合を行う。

コンペティション アウェイ
competition away

□□□
佇立
ちょりつ

たたずむこと。

なすすべもなく佇立する。

スタンド スティル
stand still

stance
スタンス
立場。態度。

先方のスタンスを確認する。

沿革（えんかく）
移り変わり。

学校の沿革を調べる。

ヒストリー
history

独善（どくぜん）
自分一人が正しいと考えること。

独善的な行動は周囲の迷惑だ。

セルフライチャスネス
self-righteousness

非業の死（ひごうのし）
望んでいなかった悲惨な最期。

非業の死を遂げる。

デス バイ カラミティー
death by calamity

苦杯をなめる（くはいをなめる）
にがい経験をする。

強豪チームに苦杯をなめさせられた。

サファー ア ビター ディフィート
suffer a bitter defeat

朴訥（ぼくとつ）
飾らず、口数が少ないさま。

朴訥な人柄。

スィンプル
simple

冷や飯を食う（ひやめしをくう）
冷たい扱いを受ける。

長期間、冷や飯を食わされる。

トリーティッド コールドリー
treated coldly

実存（じつぞん）
現実に存在すること。

実存主義という思想。

エクズィステンス
existence

虚虚実実（きょきょじつじつ）
力と技の限り戦うさま。

虚虚実実のかけひきが繰り広げられる。

ダイアモンド カット ダイアモンド
diamond cut diamond

明察（めいさつ）
はっきりと真相や事態を見抜くこと。

本質を一瞬にして明察する。

ディサーンメント
discernment

LEVEL 1 2 3

思い立ったが吉日

おもいたったがきちじつ

何かをしようと思ったら、すぐに取りかかるのが良いということ。

Strike while the iron is hot.

鉄は熱いうちに打て。

錯綜

さくそう

複雑に入りまじること。

情報が錯綜している。

コンプレクスィティー
complexity

亜流

ありゅう

まねているだけで独創性がない物事。

彼の奇抜な画風は、ダリやマグリットの亜流にすぎない。

エピゴン
epigone

震撼

しんかん

震え動かすこと。

世間を震撼させた事件。

シェーク
shake

案出

あんしゅつ

工夫して考え出すこと。

新しい技法を案出する。

インベント
invent

たおやか

姿や動作がしなやかで優しいさま。

柳がたおやかになびいている。

グレースフル
graceful

無知蒙昧

むちもうまい

知恵がなく、愚かなこと。

無知蒙昧な人々を啓蒙する。

アンエンライトゥンド
unenlightened

浮かぶ瀬

うかぶせ

苦しい境遇や状態から抜け出る機会。

ここで踏ん張れば浮かぶ瀬もあろう。

フェイヴォラブル ターン
favorable turn

logos
ロゴス

理性。論理。

ロゴスとパトス（感情）。

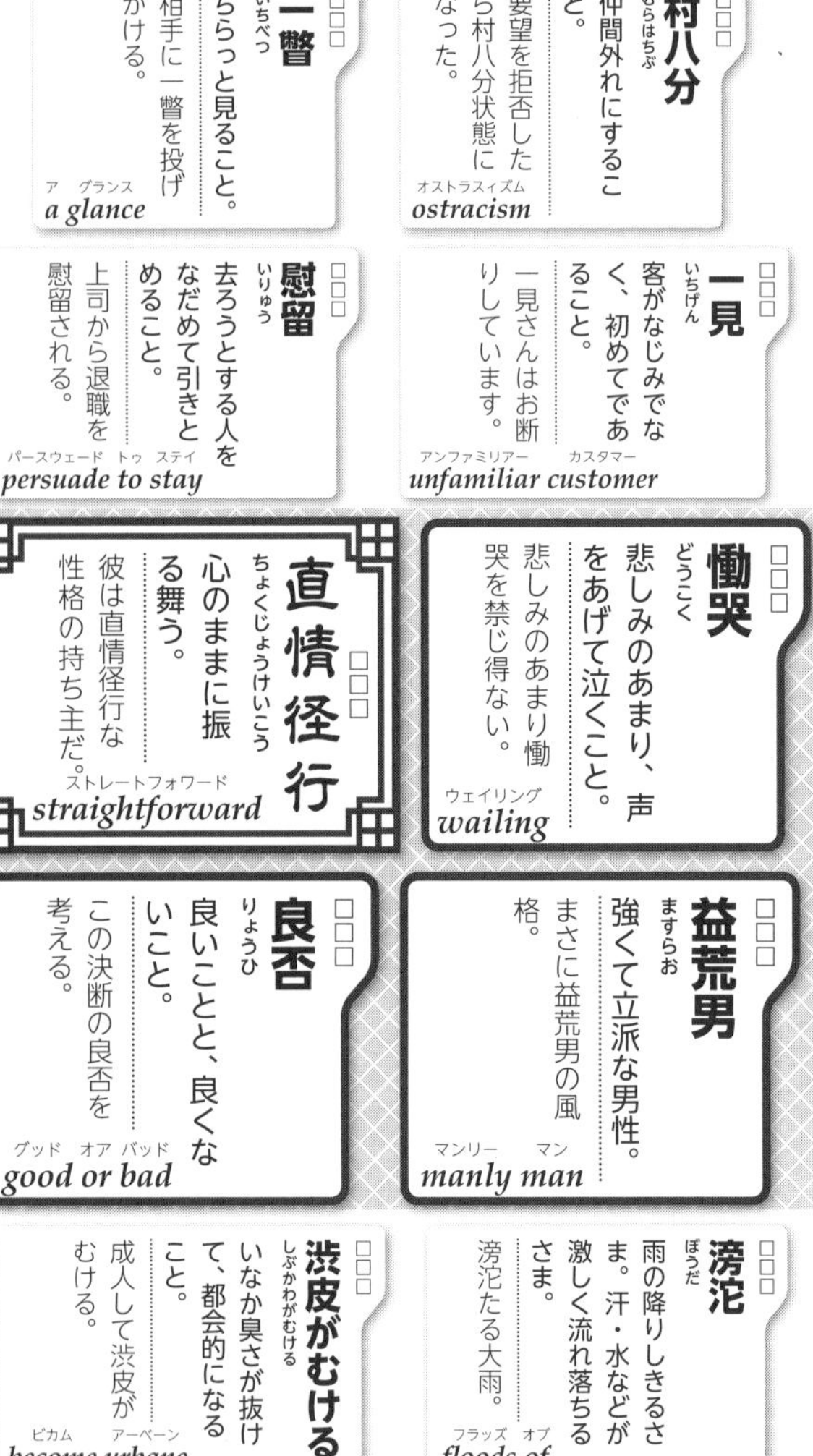

□□□
村八分（むらはちぶ）
仲間外れにすること。
要望を拒否したら村八分状態になった。
ostracism（オストラスィズム）

□□□
一瞥（いちべつ）
ちらっと見ること。
相手に一瞥を投げかける。
a glance（ア グランス）

□□□
一見（いちげん）
客がなじみでなく、初めてであること。
一見さんはお断りしています。
unfamiliar customer（アンファミリアー カスタマー）

□□□
慰留（いりゅう）
去ろうとする人をなだめて引きとめること。
上司から退職を慰留される。
persuade to stay（パースウェード トゥ ステイ）

□□□
慟哭（どうこく）
悲しみのあまり、声をあげて泣くこと。
悲しみのあまり慟哭を禁じ得ない。
wailing（ウェイリング）

□□□
直情径行（ちょくじょうけいこう）
心のままに振る舞う。
彼は直情径行な性格の持ち主だ。
straightforward（ストレートフォワード）

□□□
益荒男（ますらお）
強くて立派な男性。
まさに益荒男の風格。
manly man（マンリー マン）

□□□
良否（りょうひ）
良いことと、良くないこと。
この決断の良否を考える。
good or bad（グッド オア バッド）

□□□
滂沱（ぼうだ）
雨の降りしきるさま。汗・水などが激しく流れ落ちるさま。
滂沱たる大雨。
floods of（フラッズ オブ）

□□□
渋皮がむける（しぶかわがむける）
いなか臭さが抜けて、都会的になること。
成人して渋皮がむける。
become urbane（ビカム アーベーン）

LEVEL 1

□□□
安穏（あんのん）
変わりがなく、穏やかなさま。
余生を無事安穏に暮らす。
peace（ピース）

□□□
岡目八目（おかめはちもく）
その問題に直接かかわっている人よりも、関係ない人の方が、物事の判断がよくできるということ。
まさに岡目八目、本人は気付いていない。
by-stander's vantage point（バイスタンダーズ　ヴァンテージ　ポイント）

□□□
数奇（すうき）
運命が激しく変化すること。
彼女は数奇な生涯を送った。
checkered（チェッカード）

□□□
あみだにかぶる
帽子を、前を上げて斜めにかぶること。
野球帽をあみだにかぶる。
push back hat（プッシュ　バック　ハット）

2

□□□
cult
カルト
ある集団が示す熱狂的な支持。
カルト集団が社会問題を起こす。

□□□
一元（いちげん）
もとがただ一つであること。
データを一元管理する。
unified（ユニファイド）

□□□
冥土の土産（めいどのみやげ）
死んであの世に持っていくもの。
この勝利を冥土の土産にする。
good memory（グッド　メモリー）

□□□
月次（げつじ）
毎月。
月次報告を欠かさず行う。
monthly（マンスリー）

3

□□□
洛陽の紙価を高める
らくようのしかをたかめる
著者の評判が高く、飛ぶように売れること。
To sell like hot cakes.
ホットケーキのように売れる＝飛ぶように売れる。

□□□
敏腕（びんわん）
素早い手腕。うでき。
敏腕な弁護士。
capability（ケーパビリティー）

□□□
外柔内剛（がいじゅうないごう）
外見は穏やかだが、心に強い意志をもっていること。
見た目と違い、兄は外柔内剛の人だ。
soft on the outside, but tough at heart（ソフト オン ズィ アウトサイド バット タフ アット ハート）

□□□
債務（さいむ）
特定の人に対して支払いを行う義務。
大きな債務を負ってしまう。
debt（デット）

□□□
可変（かへん）
変えることができること。
家具の配置は可変だ。
convertible（コンヴァーティブル）

□□□
狼煙を上げる（のろしをあげる）
大きな動きのきっかけとなる行動を起こす。
反撃の狼煙を上げる。
light signal fire（ライト スィグナル ファイヤー）

□□□
鎮座（ちんざ）
どっかりと場所を占めていること。
玄関先に鎮座している番犬。
enshrinement（エンシュラインメント）

□□□
透徹（とうてつ）
澄みきっていること。
透徹した秋の空を見上げる。
clear（クリア）

□□□
review
レビュー
評論。
新商品のレビューを読む。

□□□
千思万考（せんしばんこう）
色々と考える。
千思万考すれども良い案が出ない。
deep meditation（ディープ メディテーション）

□□□
前轍（ぜんてつ）
前の人の失敗。
前轍を踏まないようにする。
mistake of predecessor（ミステーク オブ プリディスィサー）

LEVEL 1

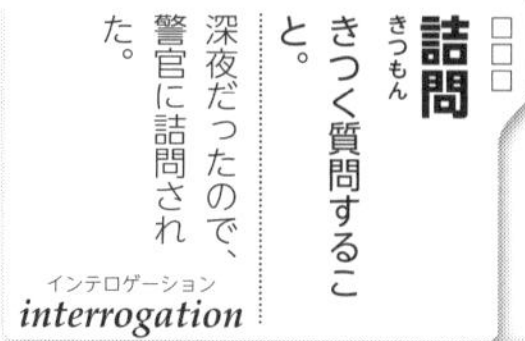

□□□

詰問

きつもん

きつく質問すること。

深夜だったので、警官に詰問された。

インテロゲーション

interrogation

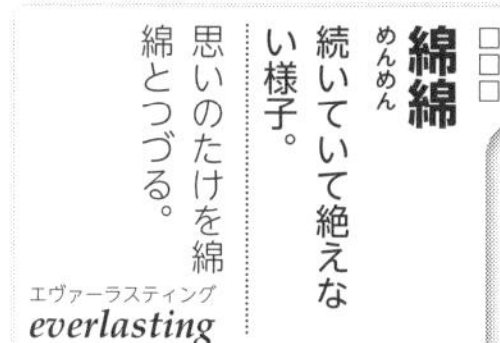

□□□

綿綿

めんめん

続いていて絶えない様子。

思いのたけを綿綿とつづる。

エヴァーラスティング

everlasting

□□□

寸鉄人を刺す

すんてつひとをさす

短い言葉で人を突くこと。

make a cutting remark

ばっさりと指摘する。

2

□□□

半知半解

はんちはんかい

知識や理解が中途半端で役に立たないこと。

半知半解での判断は危険だ。

ハーフ ノレッジ

half knowledge

□□□

相貌

そうぼう

顔かたち。

風変わりな相貌。

ルックス

looks

□□□

揺籃

ようらん

何かが発展する最初の時期や場所。

揺籃期にある文明。

インファンスィー

infancy

□□□

端境期

はざかいき

物事の入れ替わりの時期。

商品の端境期は大変忙しくなる。

インビトウィーン スィーズン

in-between season

3

□□□

マジョリティ

majority

多数派。

マジョリティの意見ばかりが通る。

□□□

ありのすさび

生きているのに慣れて、ありがたみを感じずに生きること。

いつしか、ありのすさびになってしまった。

リヴ バイ イナーシャ

live by inertia

三人寄れば文殊の知恵

さんにんよればもんじゅのちえ

□□□

一人ではだめでも、三人で考えれば良い知恵が出るということ。

Two heads are better than one.

一人の頭より二人の頭の方がまさっている。

□□□
目溢し
めこぼし

見て見ぬふりをすること。

不正を目溢しするわけにはいかない。

オーヴァールック
overlook

□□□
苦節
くせつ

苦しみに負けず、信念や態度を変えないこと。

苦節十年、遂に目的を果たした。

フェースフルネス
faithfulness

□□□
丸腰
まるごし

武器を何も持っていない状態。

丸腰で敵に立ちむかう。

アンアームド
unarmed

□□□
凡百
ぼんぴゃく

色々。様々。

凡百の職人をしのぐ技術。

メニー
many

□□□
先鞭をつける
せんべんをつける

いち早くそれを行うこと。

新分野の開拓に先鞭をつける。

テーク ザ イニシアティヴ
take the initiative

□□□
清新
せいしん

新鮮でいきいきしていること。

清新な表現による描写。

フレッシュ
fresh

□□□
委細面談
いさいめんだん

詳しいことは実際に会って話す。

委細面談の上で検討させていただきます。

ディテイルズ アット インタヴュー
details at interview

□□□
anarchism
アナーキズム

一切の権力を否定して、個人の完全な自由と独立を望む考え方。無政府主義。

アナーキズム思想に傾く。

LEVEL 1

闊達（かったつ）□□□
小さなことにこだわらず、心が広い様子。
彼の自由闊達な振る舞いを、頼もしく思う。
broad mind（ブロード マインド）

水をあける（みずをあける）□□□
競争相手に差をつける。
首位グループから大きく水をあけられた。
open up a big lead（オープン アップ ア ビッグ リード）

ぞっとしない □□□
あまり感心しない。
プレゼントとしては、ぞっとしない品だ。
not very appealing（ノット ヴェリー アピーリング）

生き長らえる（いきながらえる）□□□
この世に長く生き続ける。
百歳近くまで生き長らえる。
survive（サーヴァイヴ）

2

効能書き（こうのうがき）□□□
薬などの効き目を記したもの。
効能書きをよく読む。
statement of virtues（ステートメント オブ ヴァーチューズ）

物見遊山（ものみゆさん）□□□
見物して回る。
地方へ物見遊山に出かける。
go on pleasant jaunt（ゴー オン プレザント ジョーント）

ファジー *fuzzy* □□□
あいまいであること。
柔軟性があること。
ファジーな対応を心掛ける。

斜に構える（しゃにかまえる）□□□
身構えて、あらたまった態度をする。
いつも斜に構えた態度をする。
cynical about（スィニカル アバウト）

3

押し出し（おしだし）□□□
人前に出た時の印象。
押し出しが良い男。
appearance（アピアランス）

蝟集（いしゅう）□□□
群がり集まること。
樹木に虫が蝟集している。
concentration（コンセントレーション）

management マネジメント

管理すること。経営すること。

マネジメントがしっかりした会社。

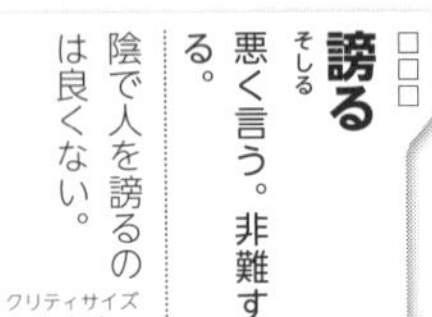

誹る（そしる）

悪く言う。非難する。

陰で人を誹るのは良くない。

critisize（クリティサイズ）

愚弄（ぐろう）

人を馬鹿にしてからかうこと。

人を愚弄する発言。

ridicule（リディキュール）

投影（とうえい）

影響が現れること。

時代が投影された絵画。

reflect（リフレクト）

繁忙（はんぼう）

仕事が多くて忙しいこと。

仕事が繁忙期に入る。

busy（ビズィー）

傑出（けっしゅつ）

多くのものの中でずば抜けて優れていること。

傑出した作品を世に出す。

prominence（プロミネンス）

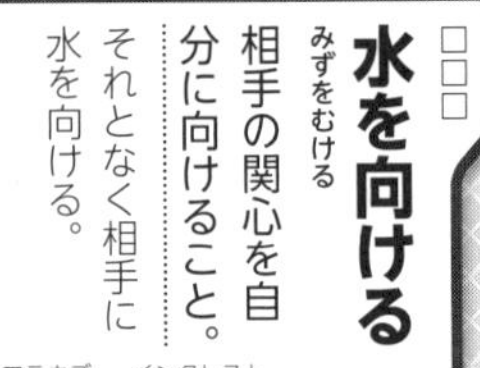

水を向ける（みずをむける）

相手の関心を自分に向けること。

それとなく相手に水を向ける。

arouse interest（アラウズ インタレスト）

global standard グローバルスタンダード

世界標準。

グローバルスタンダードの流れを認識する。

身代（しんだい）

財産。資産。

努力を重ねて身代を築く。

fortune（フォーチュン）

虚空をつかむ（こくうをつかむ）

ひどく苦しみもがく様子。

虚空をつかんで息絶える。

grasp at the air（グラスプ アット ズィ エアー）

LEVEL 1

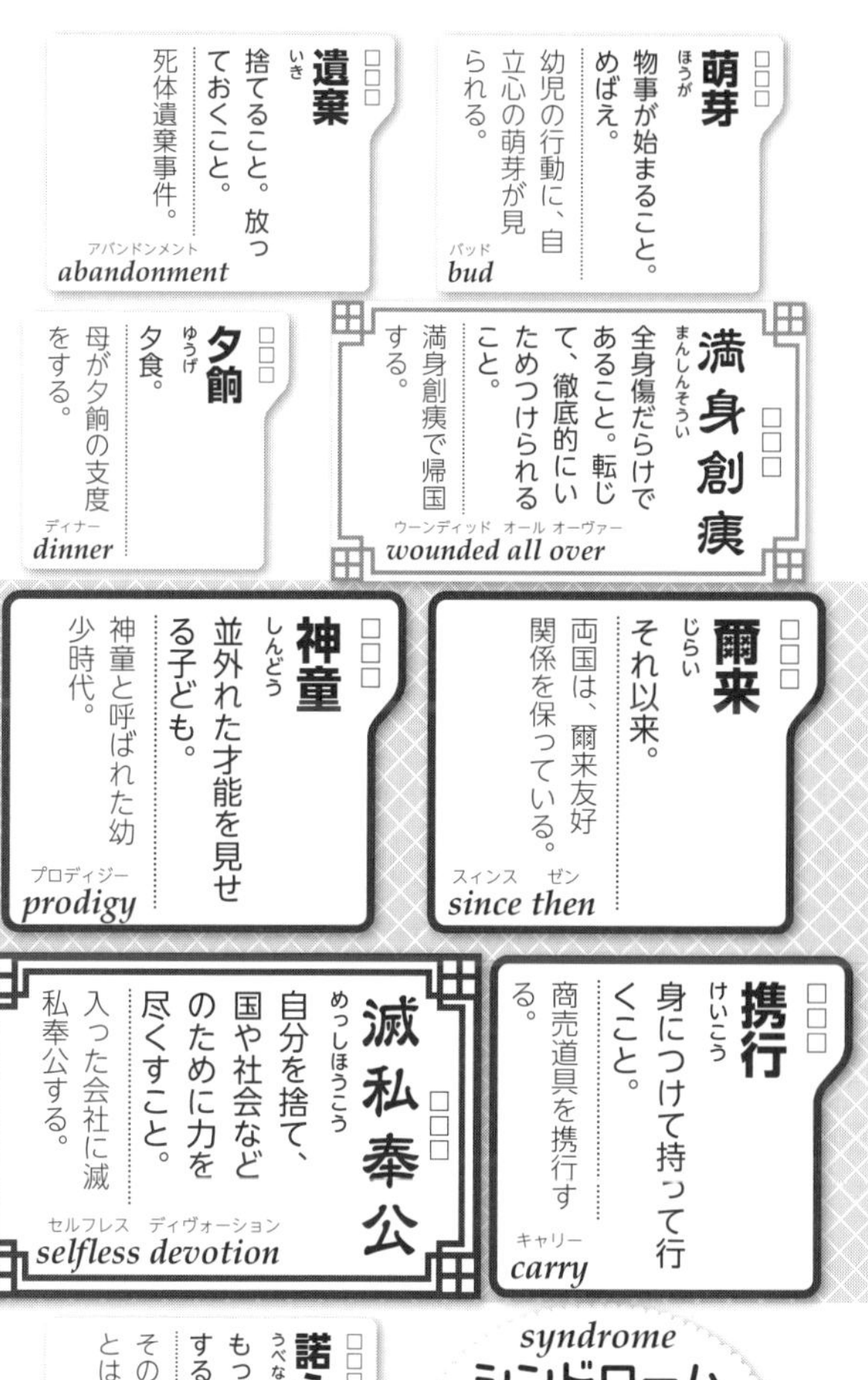

萌芽（ほうが）
物事が始まること。めばえ。
幼児の行動に、自立心の萌芽が見られる。
bud（バッド）

遺棄（いき）
捨てること。放っておくこと。
死体遺棄事件。
abandonment（アバンドンメント）

満身創痍（まんしんそうい）
全身傷だらけであること。転じて、徹底的にいためつけられること。
満身創痍で帰国する。
wounded all over（ウーンディッド オール オーヴァー）

夕餉（ゆうげ）
夕食。
母が夕餉の支度をする。
dinner（ディナー）

LEVEL 2

爾来（じらい）
それ以来。
両国は、爾来友好関係を保っている。
since then（スィンス ゼン）

神童（しんどう）
並外れた才能を見せる子ども。
神童と呼ばれた幼少時代。
prodigy（プロディジー）

携行（けいこう）
身につけて持って行くこと。
商売道具を携行する。
carry（キャリー）

滅私奉公（めっしほうこう）
自分を捨て、国や社会などのために力を尽くすこと。
入った会社に滅私奉公する。
selfless devotion（セルフレス ディヴォーション）

LEVEL 3

syndrome
シンドローム
症候群。
メタボリックシンドローム。

諾う（うべなう）
もっともだと承知する。
その意見に諾うことはできない。
obey（オベイ）

□□□
傀儡（かいらい）
あやつり人形。他人の言いなりになっている者。
他国に支配された傀儡政権。
パペット
puppet

□□□
手ぐすねを引く（てぐすねをひく）
十分用意して待ちかまえる。
ぼくは試合の開始を手ぐすねを引いて待った。
ウェート イン レディネス
wait in readiness

□□□
裏打ち（うらうち）
物事をいっそう確かにすること。
理論を実験で裏打ちした。
プルーフ
proof

□□□
溺愛（できあい）
むやみにかわいがること。
父母に溺愛されて育った息子。
ブラインド ラヴ
blind love

□□□
俗物（ぞくぶつ）
世間的な名誉や利益などに心を奪われている、つまらない人物。
あぶく銭を手にして俗物と化す。
スノッブ
snob

span
スパン
ある時間の幅。
五年のスパンで事業の進展を考える。
□□□

□□□
表出（ひょうしゅつ）
心の中にあるものが外に現れでること。
秘めていた気持ちを表出する。
エクスプレション
expression

□□□
卑小（ひしょう）
たいしたものではないこと。
卑小な存在として相手を見下す。
ペティネス
pettiness

鯉の滝登り
こいのたきのぼり
□□□
出世することのたとえ。

success in life
人生の成功。

LEVEL 1

□□□
歯牙にもかけない
しがにもかけない
まったく問題にしない。
世間の噂など歯牙にもかけない。
イグノア
ignore

□□□
不偏不党
ふへんふとう
いずれの主義や党派にも加わらないこと。
不偏不党の立場で立候補する。
インパーシアリティー
impartiality

□□□
やぶさかではない
むしろ喜んでします、ということ。
ご協力するのはやぶさかではありません。
レディー
ready

LEVEL 2

□□□
謝意
しゃい
感謝の気持ち。過ちをわびる気持ち。
丁重に謝意を述べる。
グラティチュード
gratitude

□□□
朝な夕な
あさなゆうな
朝晩。いつも。
朝な夕なトレーニングに励む。
モーニング　アンド　イヴニング
morning and evening

□□□
二律背反
にりつはいはん
二つのことが対立して両立しないこと。
良い商品をより安く売るという二律背反の課題。
アンティノミー
antinomy

□□□
進退窮まる
しんたいきわまる
どうしようもない状況にある。
進退窮まる状態に追い込まれる。
デスペレット　スィチュエーション
desperate situation

LEVEL 3

□□□
論陣を張る
ろんじんをはる
論理を組み立てて議論を展開する。
識者を相手に論陣を張る。
アーギュー　アバウト
argue about

anachronism
アナクロニズム
その時代から外れていたり、時代遅れであったりすること。□□□
アナクロニズムなデザイン。

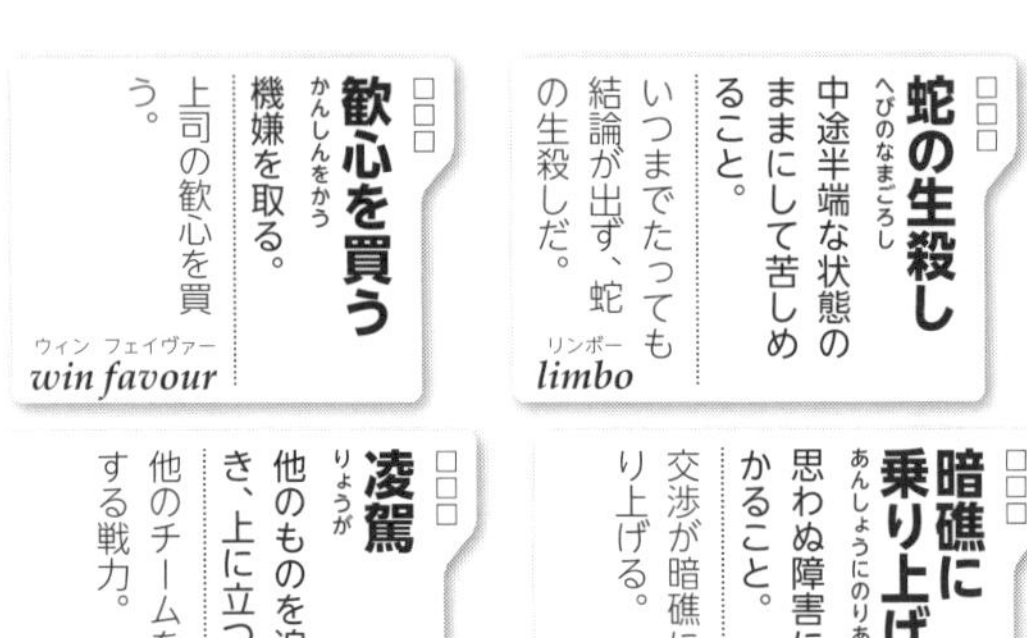

□□□
蛇の生殺し（へびのなまごろし）

中途半端な状態のままにして苦しめること。

いつまでたっても結論が出ず、蛇の生殺しだ。

リンボー
limbo

□□□
歓心を買う（かんしんをかう）

機嫌を取る。

上司の歓心を買う。

ウィン フェイヴァー
win favour

□□□
暗礁に乗り上げる（あんしょうにのりあげる）

思わぬ障害にぶつかること。

交渉が暗礁に乗り上げる。

ストランディッド
stranded

□□□
凌駕（りょうが）

他のものを追い抜き、上に立つこと。

他のチームを凌駕する戦力。

サーパス
surpass

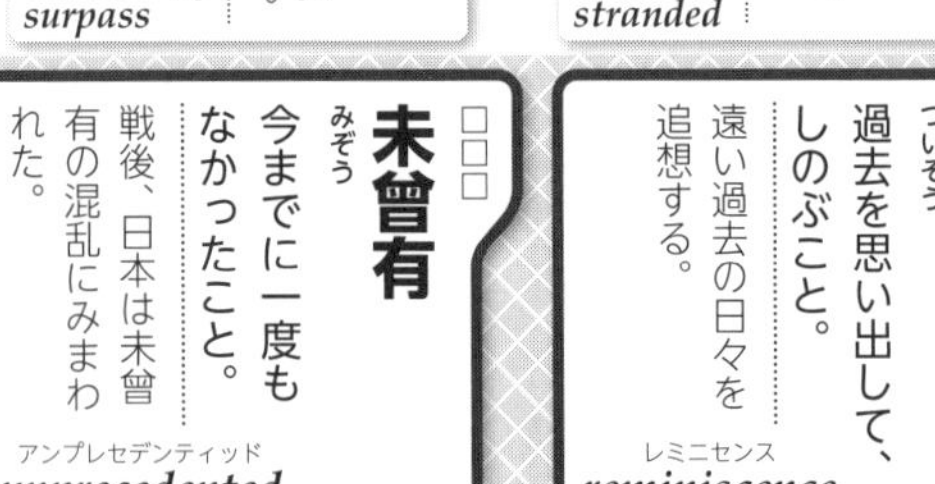

□□□
追想（ついそう）

過去を思い出して、しのぶこと。

遠い過去の日々を追想する。

レミニセンス
reminiscence

□□□
未曾有（みぞう）

今までに一度もなかったこと。

戦後、日本は未曾有の混乱にみまわれた。

アンプレセデンティッド
unprecedented

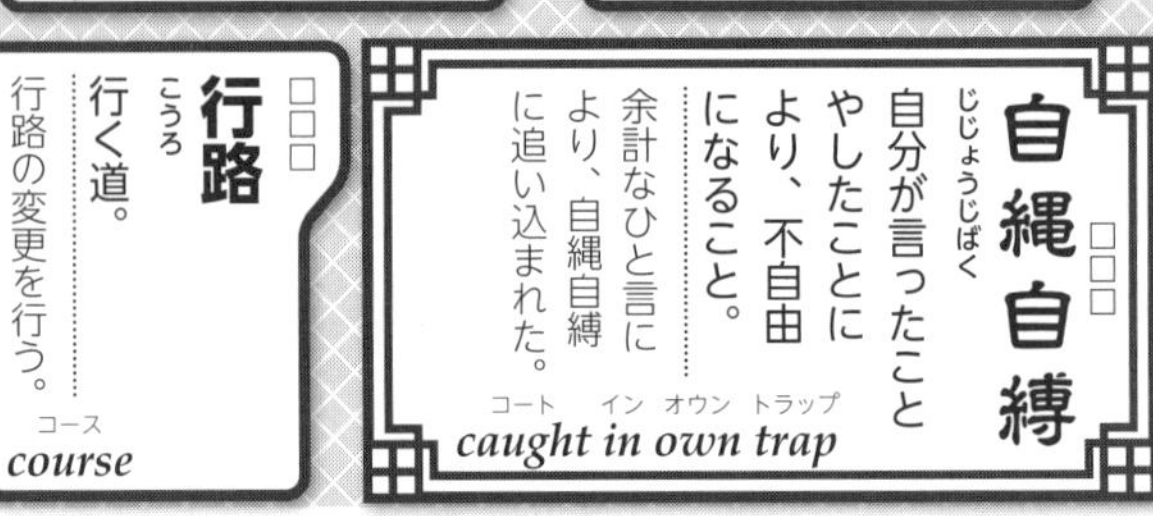

□□□
自縄自縛（じじょうじばく）

自分が言ったことやしたことにより、不自由になること。

余計なひと言により、自縄自縛に追い込まれた。

コート イン オウン トラップ
caught in own trap

□□□
行路（こうろ）

行く道。

行路の変更を行う。

コース
course

□□□
奏功（そうこう）

事がうまく運ぶこと。

日頃の努力が奏功する。

サクスィード
succeed

□□□
紐帯（ちゅうたい）

人と人とを結びつける役割を果たす、大事なもの。

一家の紐帯と呼ばれる。

ボンド
bond

anniversary
アニバーサリー
記念日。
十回目のアニバーサリーを迎える。

□□□
爪の垢を煎じて飲む
つめのあかをせんじてのむ
優れた人を模範とし、自分のためにすること。
君には彼の爪の垢を煎じて飲ませたいものだ。
テーク　レッスン　フロム
take lesson from

□□□
殊更
ことさら
わざと。特に。
殊更人前で自慢げに話す。
エスペシャリー
especially

□□□
あやかる
他の人に似せて、自分も幸せになること。
あの人の幸運にあやかりたいものだ。
テイク　アフター
take after

他山の石
たざんのいし

□□□
他人の行いは、自分を磨くために役立てることができるということ。

The fault of another is a good teacher.
他人の失敗は良い教師である。

□□□
野卑
やひ
下品で卑しいこと。
野卑な態度をたしなめられる。
ヴァルガー
vulgar

□□□
恒常
こうじょう
一定していて変わらないこと。
状態を恒常に保つ。
コンスタンスィー
constancy

□□□
端然
たんぜん
姿勢などが乱れないで、きちんとしているさま。
端然とした立ち姿。
ニート
neat

□□□
象牙の塔
ぞうげのとう
学者や芸術家が世間から離れて、研究や創作に打ち込む場。
学識を重んじる、象牙の塔の人々。
アイヴォリー タワー
ivory tower

□□□
恰幅（かっぷく）

体つき。

恰幅が良い男。

build（ビルド）

□□□
歯に衣着せぬ（はにきぬきせぬ）

遠慮せずに、思ったことをずけずけ言う。

歯に衣着せぬ物言い。

talk straight（トーク ストレート）

□□□
有名無実（ゆうめいむじつ）

名ばかりで中身がないこと。

有名無実な制度では意味がない。

nominal（ノミナル）

□□□
つづら折り（つづらおり）

いくつにも折れ曲がって続いている坂道や山道。

山道がつづら折りになっている。

meandering road（ミアンダリング ロード）

□□□
鯔背（いなせ）

男らしく、格好いいさま。

鯔背な若い衆がみこしを担ぐ。

gallant（ギャラント）

□□□
逃げ口上（にげこうじょう）

責任を逃れる言い訳。

お決まりの逃げ口上。

excuse for retreat（エクスキューズ フォー リトリート）

□□□
feedback
フィードバック

感想や反応を相手に返すこと。

利用者の声をメーカーにフィードバックする。

□□□
木で鼻をくくる（きではなをくくる）

無愛想で冷たい様子。

木で鼻をくくったような返事だ。

indifferent（インディファレント）

□□□
清濁併せ呑む（せいだくあわせのむ）

心が広く、善でも悪でも同様に受け入れる。

清濁併せ呑んだ幅広い世界観。

tolerate good and evil（トレレート グッド アンド イーヴィル）

□□□
安寧（あんねい）

無事でやすらかなこと。

世の安寧を乱す行為。

welfare（ウェルフェア）

□□□
fake
フェイク
にせもの。

このゴムの木はフェイクです。

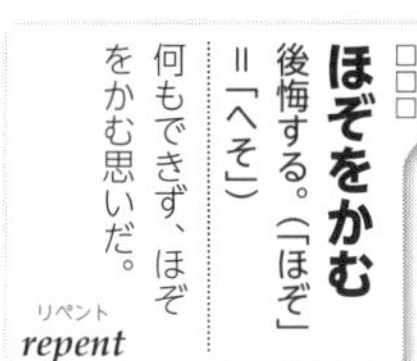

□□□
ほぞをかむ
後悔する。(「ほぞ」=「へそ」)

何もできず、ほぞをかむ思いだ。

リペント
repent

□□□
呪縛（じゅばく）
心理的に束縛すること。

呪縛から、なかなか逃れられない。

スペル
spell

□□□
大局（たいきょく）
広く全般的に見回してみた時の物事の様子。

学問を究めるには、大局的な見方をもつことが必要だ。

ジェネラル　スィチュエーション
general situation

□□□
信賞必罰（しんしょうひつばつ）
厳しい賞罰。

徹底した信賞必罰。

パニッシュメント
punishment

□□□
所与（しょよ）
他から与えられること。

所与の条件に従う。

ギヴン
given

□□□
風聞（ふうぶん）
噂としてそれとなく耳にすること。

聞き捨てならない風聞。

ルーマー
rumor

□□□
聞き届ける（ききとどける）
願いなどを聞いて、承知する。

頼み事がようやく聞き届けられた。

グラント
grant

唇滅びて歯寒し

くちびるほろびてはさむし

□□□

互いに助け合う一方が滅びると、他の一方も危うくなるたとえ。

Allies ruin themselves by deserting each other.

相手を失うことによって同盟は崩れる。

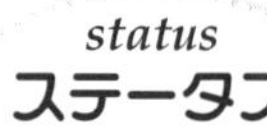

□□□

status

ステータス

社会的地位や身分。状態。

ステータスの向上を目指す。

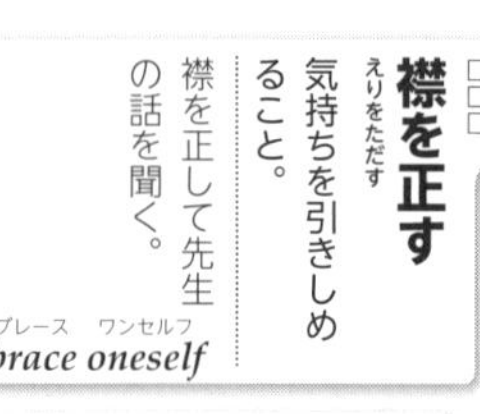

□□□

襟を正す（えりをただす）

気持ちを引きしめること。

襟を正して先生の話を聞く。

ブレース ワンセルフ
brace oneself

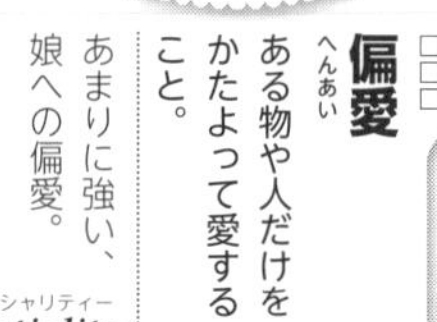

□□□

偏愛（へんあい）

ある物や人だけをかたよって愛すること。

あまりに強い、娘への偏愛。

パーシャリティー
partiality

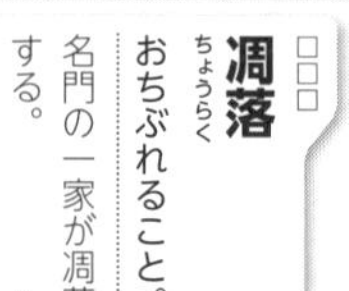

□□□

凋落（ちょうらく）

おちぶれること。

名門の一家が凋落する。

ダウンフォール
downfall

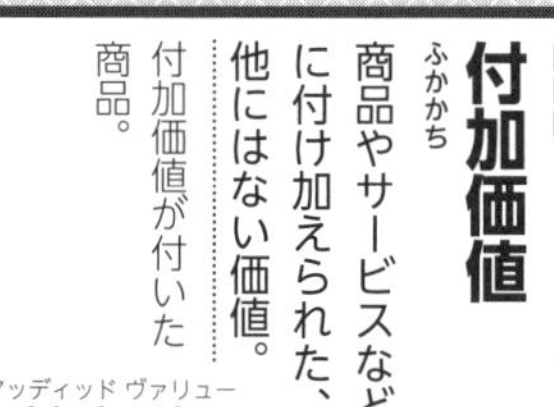

□□□

付加価値（ふかかち）

商品やサービスなどに付け加えられた、他にはない価値。

付加価値が付いた商品。

アッディッド ヴァリュー
added value

□□□

符号（ふごう）

しるし。記号。

符号で伝達し合う。

サイン
sign

金の切れ目が縁の切れ目

かねのきれめがえんのきれめ

□□□

金銭で成り立っている関係は、金がなくなれば終わるということ。

When poverty comes, love flies out.

貧乏が訪れると、愛は飛び去ってゆく。

□□□

吝嗇（りんしょく）

けち。

ひどく吝嗇な人。

スティンジネス
stinginess

□□□

所伝（しょでん）

古くから伝えられてきたこと。

所伝によれば、この祭りは千年以上前に始まったらしい。

レジェンド
legend

□□□
過当競争
かとうきょうそう

行き過ぎた競争状態。

業界内の過当競争が激化する。

オーヴァーヒーティッド カンペティション
overheated competition

□□□
一介
いっかい

ひとつのつまらないもの。

私は一介の職員に過ぎません。

ミア
mere

□□□
手綱を締める
たづなをしめる

他人のゆるんだ気持ちを引き締める。

緊急ミーティングを行い、スタッフの手綱を締める。

タイトゥン レインズ
tighten reins

□□□
挿話
そうわ

文章などの間にはさむ、本筋とは直接関係のない短い話。

なかなか興味深い挿話だ。

エピソード
episode

□□□
寝首をかく
ねくびをかく

卑怯な手段で人を陥れること。

家臣に寝首をかかれる。

シュート イン ダーク
shoot in dark

□□□
名うて
なうて

ある方面で有名なこと。

名うての武闘家。

フェイマス
famous

□□□
兵糧攻め
ひょうろうぜめ

敵の食糧を断ち切って打ち負かす攻め方。

弱った敵を兵糧攻めにする。

スターヴェーション タクティックス
starvation tactics

□□□
手練手管
てれんてくだ

人をだます手段。

手練手管の限りを尽くす。

マニピュレーション
manipulation

□□□
温厚篤実
おんこうとくじつ

穏やかで誠実なさま。

父は温厚篤実な人柄で慕われている。

ジェントル アンド スィンスィア
gentle and sincere

□□□
洒脱
しゃだつ

俗を離れ、垢抜けている様子。

洒脱なセリフ。

ソフィスティケーティッド
sophisticated

□□□
生粋
きっすい
純粋で混ざりけがないこと。

彼女は生粋の江戸っ子だ。

ピュア
pure

□□□
愛顧
あいこ
ひいきにすること。引き立て。

日頃のご愛顧に応える。

フェイヴォリティズム
favoritism

□□□
阿吽の呼吸
あうんのこきゅう
複数の人が一緒に物事をする時の互いの微妙な気持ち。また、それが一致すること。

阿吽の呼吸で作業を進める。

ハーモナイズィング
harmonizing

□□□
還流
かんりゅう
再びもとへ流れもどること。

大量の資金が還流する

フロー　バック
flow back

□□□
甘受
かんじゅ
甘んじて受け入れること。

正しい批判であれば甘受します。

サブミット
submit

□□□
警鐘
けいしょう
危険を知らせること。

社会の混乱に警鐘を鳴らす。

アラーム
alarm

□□□
utopia
ユートピア
空想上の理想的な社会。

未来のユートピアを夢見る。

□□□
唯心論
ゆいしんろん
世界の本質と根源を精神的なものとする考え方。

現実離れした唯心論。

スピリチュアリズム
spiritualism

□□□
寡聞
かぶん
知識や経験が少ないこと。

私は寡聞にしてその件について何も知らない。

イルインフォームド
ill-informed

LEVEL

釈迦に説法

しゃかにせっぽう

知り尽くしている人に教えようという愚かさ。

Don't teach fishes to swim.

魚に泳ぎを教えるな。

1

大枚をはたく

たいまいをはたく

多くの金額を支払うこと。

大枚をはたいて外車を買う。

スペンド ア フォーチューン

spend a fortune

双璧

そうへき

二つの優れたもの。

この二つが、我が国の産業の双璧です。

トゥー グレーツ

two greats

内祝い

うちいわい

近親者だけでする祝い。

内祝いの品物を贈る。

プライヴェート セレブレーション

private celebration

元凶

げんきょう

悪事の中心人物・原因。

諸問題の元凶。

リングリーダー

ringleader

2

当たらず障らず

あたらずさわらず

どっちつかずであるさま。

当たらず障らずの返事をする。

ノンコミッタル

noncommittal

人事不省

じんじふせい

意識不明になる。

飲み過ぎて人事不省に陥る。

アンコンシャス

unconscious

3

三顧の礼

さんこのれい

礼をつくして依頼する。

三顧の礼をもって迎える。

オファー アーネスト インヴィテーションズ

offer earnest invitations

胡乱

うろん

正体が怪しく、疑わしいこと。

胡乱な人物を警戒する。

フィッシー

fishy

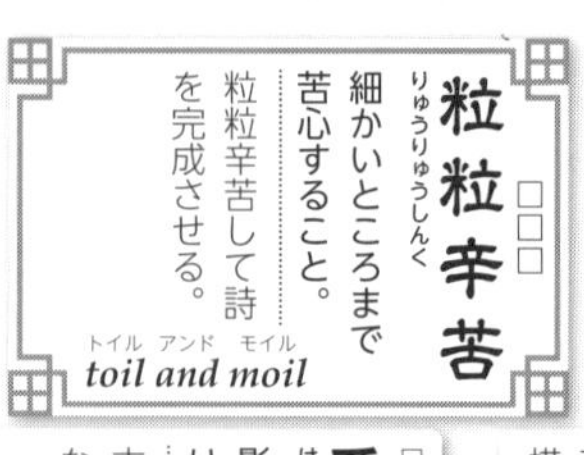

粒粒辛苦（りゅうりゅうしんく）
細かいところまで苦心すること。
粒粒辛苦して詩を完成させる。
toil and moil（トイル アンド モイル）

散文（さんぶん）
型にとらわれない通常の文章。
散文詩を愛読する。
prose（プローズ）

系譜（けいふ）
影響のあるつながり。
古典の系譜に連なる作品。
genealogy（ジーニアラジー）

荒涼（こうりょう）
風景などが、荒れ果ててもの寂しいさま。また、生活や気持ちなどが荒れすさんでいるさま。
荒涼たる世界を描いた作品。
desolation（ディソレーション）

頑迷（がんめい）
頑固で道理がわからないこと。
頑迷な老人を説得する。
stubborn（スタバーン）

所存（しょぞん）
心に思うところ。考え。
精いっぱい頑張る所存です。
intention（インテンション）

綱領（こうりょう）
要点。政党などの根本方針。
党の綱領をしっかり読む。
outline（アウトライン）

十重二十重（とえはたえ）
幾重にも取りまいているさま。
敵の陣地を十重二十重に取り囲む。
multitude（マルティチュード）

狂言回し（きょうげんまわし）
表立たずに物事の進行を行う人物。
劇中の狂言回しの役。
wirepuller（ワイヤープラー）

analogy
アナロジー
類推。未知なものを、すでに知っている事に当てはめて考えること。
それは分析というよりもアナロジーだ。

LEVEL 1 2 3

往なす（いなす）
軽くかわす。
強い批判を軽く往なす。
parry（パリー）

列挙（れっきょ）
並べあげること。
商品の利点を列挙する。
enumeration（エヌメレーション）

忽然（こつぜん）
現れたり消えたりするのが突然な様子。
彼は忽然と姿を消した。
all of a sudden（オール オブ ア サドゥン）

response
レスポンス
反応。返事。
今一つレスポンスが良くない。

有閑（ゆうかん）
財産も暇もあること。
有閑階級の婦人たち。
leisured（リージャード）

天地神明（てんちしんめい）
天と地のあらゆる神。
天地神明に誓って真実です。
God in heaven（ゴッド イン ヘヴン）

on demand
オンデマンド
サービスの提供を、要求に応じた形で行うこと。
オンデマンドで技術者を派遣する。

輩出（はいしゅつ）
優れた人物が続いて世に出ること。
多くの人材を輩出してきた名門校。
produce（プロデュース）

天の配剤（てんのはいざい）
天は人それぞれに能力や機会などをほどよく与えるものである。
天の配剤に従う。
dispensation（ディスペンセーション）

知見（ちけん）
実際に見て知ること。
世界へ出て知見を広める。
knowledge（ナレッジ）

逆手に取る
さかてにとる

相手の攻撃を逆に利用して攻める。

相手の言い分を逆手に取って反論に出る。

ターン アゲインスト
turn against

ニヒリズム
nihilism

虚無的な考え方。

若者のニヒリズムを描いた作品。

内省
ないせい

自分の考えや行動などを深くかえりみること。

十分な内省を促す。

リフレクション
reflection

織り込み済み
おりこみずみ

前もって予定や計画に入っていること。

今後の見通しも資料には織り込み済みだ。

ベークト イン ケーク
baked in cake

哀惜
あいせき

人の死などを悲しみ、惜しむこと。

哀惜の念にたえない。

ラメンテーション
lamentation

デフォルメ
deformation

対象を変形して表現すること。

人物をデフォルメして描く。

不退転
ふたいてん

かたく決心してくじけない。

不退転の決意を表明する。

アンフラッギング リゾルヴ
unflagging resolve

極彩色
ごくさいしき

緻密な彩色。はでな色彩。

極彩色の野鳥。

ブリリアント カラーリング
brilliant coloring

九牛の一毛
きゅうぎゅうのいちもう

多数のうち、極めて少ない部分のたとえ。また、比較にならないほどつまらないこと。

A drop in the bucket.

バケツの中の一滴。

LEVEL 1

□□□
如才ない（じょさいない）
気がきいていて、抜かりがない。
如才なく受け応えをする。
clever（クレヴァー）

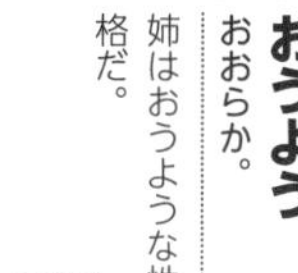
□□□
おうよう
おおらか。
姉はおうような性格だ。
generous（ジェネラス）

□□□
類推（るいすい）
似たことをもとにして、推察すること。
過去の事例から類推する。
inference（インファレンス）

□□□
のれん分け（のれんわけ）
商家で、のれんを分けること。
そば屋がのれん分けをする。
setting up branch（セッティングアップ ブランチ）

LEVEL 2

□□□
暗喩（あんゆ）
「…のようだ」などの形を用いず、他の例で直接表現する方法。
「彼は鬼だ」は暗喩表現だ。
metaphor（メタファー）

□□□
真骨頂（しんこっちょう）
本来の姿。本当の力。
ベテラン選手が真骨頂を発揮する。
true value（トゥルー ヴァリュー）

□□□
心根（こころね）
心のあり方。
あの人は実に心根の優しい人だ。
heart（ハート）

□□□
破顔一笑（はがんいっしょう）
にっこりと笑う。
朗報に破顔一笑する。
smile broadly（スマイル ブロードリー）

LEVEL 3

□□□
正鵠を射る（せいこくをいる）
物事の重要な点を正確につく。
正鵠を射た意見が出る。
hit the mark（ヒット ザ マーク）

□□□
a priori
ア・プリオリ
経験に先立つ、先天的な認識や概念。
ア・プリオリという概念。

緩衝（かんしょう）

中間にあって、対立を抑えようとするもの。

脱走した捕虜たちは、無事に緩衝地帯にたどりついた。

mediation（ミーディエーション）

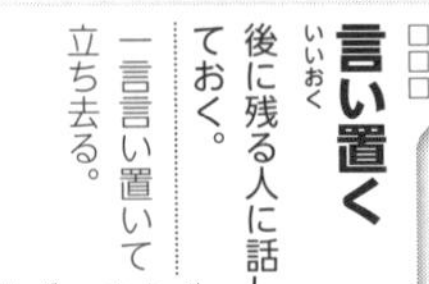

言い置く（いいおく）

後に残る人に話しておく。

一言言い置いて立ち去る。

leave message（リーヴ メッセージ）

壊死（えし）

体の一部の組織や細胞が死ぬこと。

けがをした足が壊死する。

necrosis（ネクロースィス）

血道をあげる（ちみちをあげる）

夢中になってのぼせ上がる。

株の売買に血道をあげる。

get absorbed（ゲット アブゾーブド）

theory

セオリー

理論。

セオリー通りの戦法。

先達（せんだつ）

先にその道を開き、他を導く人。

先達に学ぶべきことは多い。

pioneer（パイオニアー）

古参（こさん）

古くからいる者。

古参の使用人。

old-timer（オールド タイマー）

際物（きわもの）

ある時季のまぎわにだけ売れる品物。

際物を扱う商店。

seasonal articles（スィーズナル アーティクルズ）

峻別（しゅんべつ）

厳しくはっきりと区別すること。

出来ることと出来ないことを峻別する。

distinction（ディスティンクション）

kitsch

キッチュ

芸術っぽく気取ったにせもの。

キッチュさをあえてファッションとする。

LEVEL

ぬかに釘

ぬかにくぎ

手ごたえがなく、効き目のないこと。

Bolt the door with a boiled carrot.

ゆでたにんじんでドアにかぎをかける。

曰く付き（いわくつき）

複雑な事情や良くない評判などがあること。

曰く付きのマンションを安く借りる。

with shady history（ウィズ シェーディー ヒストリー）

同化（どうか）

同じようになること。

現地の風習に同化する。

assimilation（アスィミレーション）

1

阿鼻叫喚（あびきょうかん）

むごたらしく悲惨な光景。

事故現場は阿鼻叫喚と化していた。

pandemonium（パンディモニアム）

面立ち（おもだち）

顔の様子。

整った面立ちの役者。

features（フィーチャーズ）

怒気（どき）

怒った様子。怒り。

怒気を帯びた口調。

anger（アンガー）

頓狂（とんきょう）

その場にそぐわない調子はずれな事をすること。

頓狂な声を上げる。

freakishness（フリーキッシュネス）

2

恬として（てんとして）

平然として。

恬として恥じない。

serenely（スィリーンリー）

懐刀（ふところがたな）

深く信頼している部下。

社長の懐刀。

right-hand man（ライトハンド マン）

3

張子の虎（はりこのとら）□□□
威勢がよくて強そうだが、本当は弱い人。
彼は強がっているが、しょせんは張子の虎だ。
paper tiger（ペーパー タイガー）

et cetera
エトセトラ □□□
…など。その他色々。
テーブルに並んだピザ、パスタ、エトセトラ。

お墨付き（おすみつき）□□□
権力や権限のある人の承認や保証。
有名評論家によるお墨付きの作品。
authorization（オーソライゼーション）

鎮圧（ちんあつ）□□□
暴動などを武力を使ってしずめること。
反乱軍を鎮圧する。
suppression（サプレッション）

雛形（ひながた）□□□
実物をかたどって小さく作った模型。
新製品の雛形を作る。
model（モデル）

赤貧洗うがごとし（せきひんあらうがごとし）□□□
貧しくて持ち物が何もないさま。
赤貧洗うがごとき生活。
extreme poverty（エクストリーム ポヴァティー）

百鬼夜行（ひゃっきやこう）□□□
得体の知れない人々が奇怪な行いをすること。
百鬼夜行の闇社会。
pandemonium（パンデモニアム）

滋味あふれる（じみあふれる）□□□
十分な味わいがあるさま。
滋味あふれる旬の魚介類。
delicious（デリシャス）

公憤（こうふん）□□□
社会の悪に対し自分の損得をこえて持つ憤り。
高齢者を狙った詐欺に公憤を覚える。
righteous indignation（ライチャス インディグネーション）

general contractor
ゼネコン □□□
建築工事などの全てを請け負う総合建設業者。
大手ゼネコンに勤務する。

LEVEL 1 2 3

□□□
埋没
まいぼつ

埋もれて見えなくなること。

地すべりで民家が埋没する。

ベリード
buried

□□□
吐露
とろ

心に思っていることを、隠さずうちあけること。

思わず本音を吐露してしまう。

スピーク　アウト
speak out

雨だれ石をうがつ
あまだれいしをうがつ

□□□

わずかな努力でも、長く続けていると成功すること。

Slow but steady wins the race.

ゆっくりでも着実にやれば、必ず競走に勝てる。

□□□
世が世なら
よがよなら

その人に合った時代だったなら。

世が世ならこんな仕事についていなかった。

タイム　ビーイング　ベター
time being better

□□□
間隙を縫う
かんげきをぬう

わずかなすきまや暇を見つける。

相手のディフェンスの間隙を縫う。

アットアッド　モーメンツ
at odd moments

□□□
気質
かたぎ

身分・職業に応じた性格。

昔気質の職人。

キャラクター
character

□□□
偶さか
たまさか

たまたま。

偶さかに知人と遭遇する。

バイ　チャンス
by chance

□□□
有卦に入る
うけにいる

幸運にめぐりあって良いことが続く。

ビジネスが波に乗り、有卦に入っている。

カム　アポン　ア　ラッキー　イヤー
come upon a lucky year

□□□
書き割り
かきわり
芝居の大道具のひとつ。木製の枠に紙や布を張り、建物や風景などを描いて背景とするもの。
劇の書き割りを描く。
ステージ　セッティング
stage setting

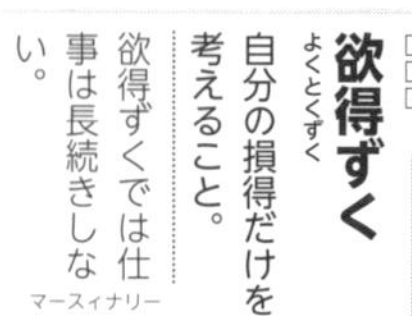

□□□
欲得ずく
よくとくずく
自分の損得だけを考えること。
欲得ずくでは仕事は長続きしない。
マースィナリー
mercenary

□□□
伝家の宝刀
でんかのほうとう
切り札。
伝家の宝刀を抜く時が来た。
ラスト　リゾート
last resort

□□□
布石
ふせき
先のための用意。
成長への布石を打つ。
タクティカル　プレパレーション
tactical preparation

pessimism
□□□
ペシミズム
物事を悲観的にみる傾向。
ペシミズムが漂う詩。

□□□
皮相
ひそう
うわべだけを見て判断し、本質に至らないこと。
皮相な理解では不十分です。
サーフェス
surface

□□□
渓谷
けいこく
山にはさまれた、川のある所。
渓谷を流れる川。
ヴァリー
valley

□□□
血気にはやる
けっきにはやる
一時の情熱にまかせ、考えなしな行動をする。
血気にはやった若者の行動。
ドリヴン　バイ　ユースフル　アーダー
driven by youthful ardor

□□□
夜を日に継ぐ
よをひにつぐ
昼夜の別なく、続けてある物事をする。
夜を日に継いで仕事に励む。
デイ　アンド　ナイト
day and night

□□□
事を好む
ことをこのむ
何か事件が起こるのを望む。
事を好まぬ平和主義な人。
ルック　フォー　トラブル
look for trouble

LEVEL

1

警句（けいく）

真理を鋭く簡潔に言い表した語句。

社会に向けて警句を吐く。

epigram（エピグラム）

申し立てる（もうしたてる）

意見を主張する。

異議を申し立てる。

assert（アサート）

三行半（みくだりはん）

夫から妻に別れを告げること。男女の仲を断つこと。

遂に三行半を突きつけられる。

divorce note（ディヴォース ノート）

委託（いたく）

ゆだねること。依頼すること。

営業を業者に委託する。

commission（コミッション）

2

提灯に釣り鐘

ちょうちんにつりがね

比べものにならないこと。

Can a mouse fall in love with a cat?

ハツカネズミと猫が恋仲になることなんてあるかい？

失地回復（しっちかいふく）

失われた地位や勢力などを取り戻すこと。

次の選挙で失地回復を目指す。

recovering lost ground（リカヴァリング ロスト グラウンド）

慄然（りつぜん）

恐れおののくさま。

幽霊の出現に慄然とする。

horrified（ホリファイド）

3

水魚の交わり（すいぎょのまじわり）

離れることのできない、親しい間柄のこと。

水魚の交わりを結ぶ。

close friendship（クロース フレンドシップ）

端緒（たんしょ）

物事の始まり。

自ら端緒を開く。

beginning（ビギニング）

☐☐☐
反芻
はんすう

繰り返し考え、よく味わうこと。

師匠の言葉を反芻する。

ルーミネーション
rumination

☐☐☐
浮遊
ふゆう

空中や水面に浮かび、ただようこと。

空気中に浮遊するちり。

フローティング
floating

火中の栗を拾う
かちゅうのくりをひろう

☐☐☐

危険をおかして、他人の利益のために行動すること。

Take the chestnuts out of the fire with the cat's paw.

猫の足で火の中の栗を取り出せ。

☐☐☐
禊
みそぎ

身を清め、罪やけがれを払うこと。

ようやく禊が明けた。

アブルーション
ablution

debate
ディベート

☐☐☐

あるテーマにつき、異なる立場に分かれて行われる討論。

ディベートのテーマが決まる。

☐☐☐
並び称する
ならびしょうする

あるものを他と並べて、同じようにほめたたえる。

黒澤明と並び称される監督。

ランク ウィズ
rank with

☐☐☐
当該
とうがい

そのことに当てはまること。

当該事件についての報道。

コンサーンド
concerned

☐☐☐
小田原評定
おだわらひょうじょう

いつまでたっても結論の出ない会議・相談。

こんな小田原評定では何も生まれない。

インディサイスィヴ コンファレンス
indecisive conference

☐☐☐
下意上達
かいじょうたつ

下の者の考えが上の者にきちんと届くこと。

下意上達がうまくいっていない部署。

ボトム アップ
bottom up

LEVEL 1

修辞（しゅうじ）

巧みな言い回しで美しく効果的に表現すること。

修辞法を駆使した長い文章。

rhetoric（レトリック）

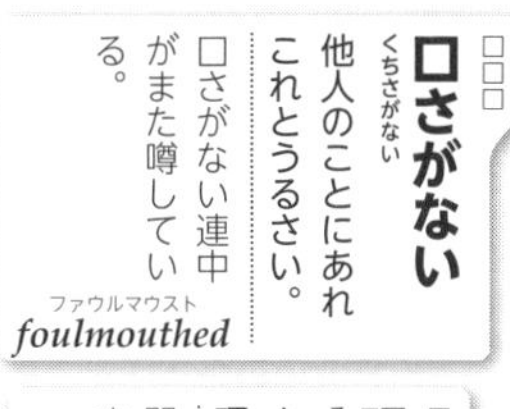

口さがない（くちさがない）

他人のことにあれこれとうるさい。

口さがない連中がまた噂している。

foulmouthed（ファウルマウスト）

元の木阿弥（もとのもくあみ）

良くなっていたことが、悪い状態に戻ること。

よけいな一言で元の木阿弥になってしまった。

back where started（バック　ホエア　スターティッド）

咀嚼（そしゃく）

よく考えて十分に理解し、味わうこと。

聞いた内容を咀嚼する。

digest（ディジェスト）

LEVEL 2

漸次（ぜんじ）

しだいに。

漸次回復することを願う。

gradually（グラジュアリー）

同床異夢（どうしょういむ）

同じ立場にあっても、考えが異なること。

二社の合併は同床異夢の感が強い。

same bed, different dream（セイム　ベッド、ディファレント　ドリーム）

敵に塩を送る（てきにしおをおくる）

敵の弱みにつけこまず、逆に救うこと。

敵に塩を送る余裕などどこにもない。

show humane treatment to enemy（ショー　ヒューメーン　トリートメント　トゥ　エネミー）

審美（しんび）

本当の美しさを見極めること。

審美眼を養う。

aesthetic（エスセティック）

LEVEL 3

悄然（しょうぜん）

心にかかることがあって、元気がないさま。

悄然とした姿でたたずむ。

depressed（ディプレスト）

aphorism

アフォリズム

物事の真実を簡潔に鋭く表現した語句。

英文学のアフォリズム集。

□□□ **恍惚**（こうこつ）

心を奪われて、うっとりするさま。

恍惚の境地にひたる。

ecstasy（エクスタスィー）

□□□ **攪乱**（かくらん）

かき乱すこと。

組織の秩序が攪乱される。

disturbance（ディスターバンス）

□□□ **掛け値なし**（かけねなし）

大げさではなく、事実として。

掛け値なしの名作。

no exaggeration（ノー　エグザジュレーション）

□□□ **与する**（くみする）

仲間に加わる。味方する。

どの党にも与しない。

side with（サイド　ウィズ）

□□□ **偏在**（へんざい）

あるところにだけかたよって存在すること。

都市に偏在する問題。

maldistribution（マルディストリビューション）

□□□ **名折れ**（なおれ）

名をけがすこと。不名誉。

それは、一家の名折れになる行為だ。

disgrace（ディスグレース）

symmetry

シンメトリー

□□□

左右対称であること。

シンメトリーな構図。

□□□ **刎頸の交わり**（ふんけいのまじわり）

極めて親しい付き合いのたとえ。

刎頸の交わりが今も続いている。

eternal friendship（エターナル　フレンドシップ）

□□□ **血路を開く**（けつろをひらく）

思い切った手段で困難な状況を切り抜ける。

大胆な決断で血路を開く。

cut way（カット　ウェイ）

LEVEL 1

伝播（でんぱ）
伝わり広まること。
稲作が日本に伝播した。
propagation（プロパゲーション）

肩肘張る（かたひじはる）
強そうに振る舞う。
肩肘張った態度をくずそうとしない。
act big（アクトビッグ）

朱に交われば赤くなる
しゅにまじわればあかくなる
人間はつき合う友達によって、良くも悪くもなるということ。
One rotten apple spoils the barrel.
痛んだリンゴが一つあると、全部だめになる。

愛別離苦（あいべつりく）
別れの苦しみ。
ご主人を亡くされてつらいのはわかるが、お子さんのためにも愛別離苦を乗り越えなければならない。
pain of separation（ペイン オブ セパレーション）

権益（けんえき）
権利と利益。
企業の権益を守る。
interests（インタレスツ）

LEVEL 2

胸突き八丁（むなつきはっちょう）
最も苦しい時や場面。
プロジェクトは胸突き八丁にさしかかる。
most trying spot（モスト トライング スポット）

うそ寒い（うそさむい）
なんとなく寒い感じである。
うそ寒い初春の朝。
somewhat cold（サムホワット コールド）

LEVEL 3

interactive
インタラクティヴ
双方向の。
インタラクティブなソフトウェア。

千万言を費やす（せんまんげんをついやす）
多くの言葉を使う。
千万言を費やして説得をする。
waste many words（ウェイスト メニー ワーズ）

research
リサーチ
調査。研究。

現場の状況をリサーチする。

竣工
しゅんこう

工事が終わり、建物ができあがること。

来月に新体育館が竣工する予定だ。

コンプリーション　オブ　コンストラクション
completion of construction

絵空事
えそらごと

大げさで、実際にはあり得ないこと。

そのアイデアは絵空事に過ぎない。

パイプ　ドリーム
pipe dream

雁首をそろえる
がんくびをそろえる

その場にいた者や関係者が整列する。

雁首そろえて訪問する。

スィット サイレントリー アット　ミーティング
sit silently at meeting

当世風
とうせいふう

その時代に流行のスタイルや考え方であること。

当世風な身なりで現れる。

アップ トゥ　デート
up-to-date

粋を集める
すいをあつめる

最高の水準にあるものを集める。

先進技術の粋を集めた製品開発。

ギャザー　ザ　ベスト
gather the best

新機軸
しんきじく

新しい計画・工夫。

企業が新機軸を打ち出す。

イノヴェーション
innovation

快気炎
かいきえん

威勢の良い発言。

酔った勢いで快気炎を上げる。

スピーク　フランボイアントリー
speak flamboyantly

窮すれば通じる
きゅうすればつうじる

最悪の事態に陥ってどうにもならなくなると、かえって道が開けるものだ。

When things are at the worst, they will mend.

物事は最悪の事態に陥ると好転するものだ。

LEVEL

□□□
猜疑心
さいぎしん
人を疑う気持ち。
猜疑心の強い性格。
サスピション
suspicion

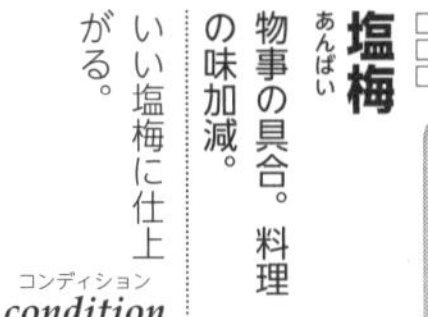

□□□
塩梅
あんばい
物事の具合。料理の味加減。
いい塩梅に仕上がる。
コンディション
condition

□□□
approach
アプローチ
接近すること。
この問題へは、慎重にアプローチすべきだ。

□□□
看守
かんしゅ
刑務所などで、囚人の監視などを行う人。
刑務所の看守。
ウォードン
warden

1

□□□
旗色が悪い
はたいろがわるい
戦いで、状況が良くない。
今日の対戦は旗色が悪い。
オッズ ビーイング アゲンスト
odds being against

□□□
鳥瞰
ちょうかん
高所から見下ろすこと。
島の鳥瞰図を広げる。
バーズアイ ヴュー
bird's-eye view

□□□
一望千里
いちぼうせんり
非常に見晴らしが良いこと。
一望千里の夜景が広がっている。
バウンドレス エクスパンス
boundless expanse

□□□
寸評
すんぴょう
ごく短い批評。
審査員たちの寸評。
ブリーフ レヴュー
brief review

2

□□□
座視
ざし
黙って見ているだけで、手出しをしないこと。
座視するだけで手を下さない。
スィット オン アス
sit on ass

□□□
巷間
こうかん
世間。
巷間の噂によると。
ワールド
world

3

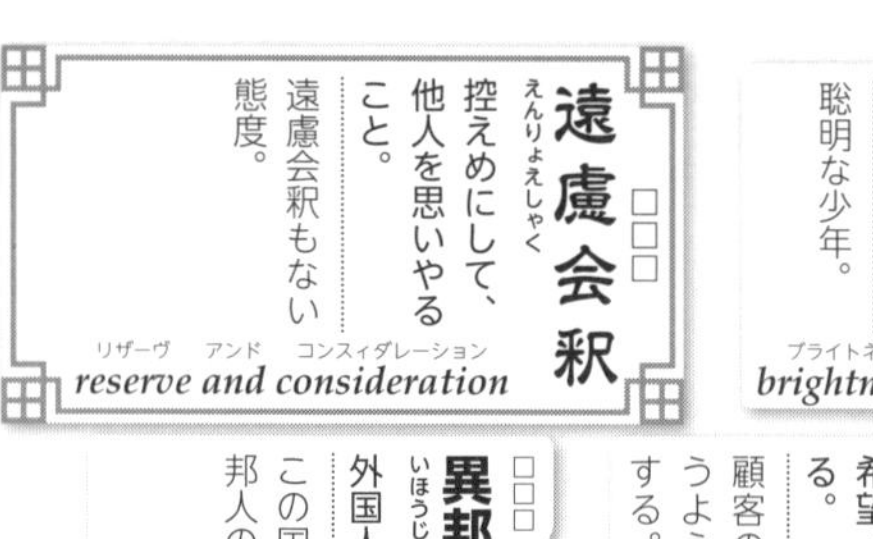

□□□
遠慮会釈（えんりょえしゃく）
控えめにして、他人を思いやること。
遠慮会釈もない態度。
reserve and consideration（リザーヴ アンド コンスィダレーション）

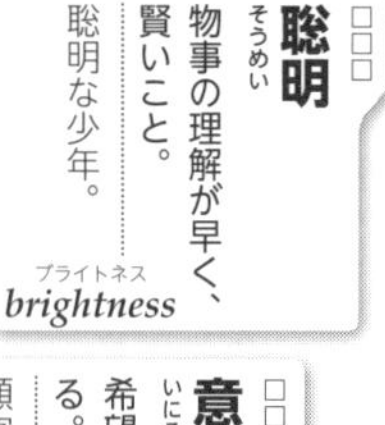

□□□
聡明（そうめい）
物事の理解が早く、賢いこと。
聡明な少年。
brightness（ブライトネス）

□□□
意に沿う（いにそう）
希望・要求に応じる。
顧客の意に沿うように対処する。
satisfy（サティスファイ）

□□□
異邦人（いほうじん）
外国人。異国人。
この国では私は異邦人の立場だ。
foreigner（フォーリナー）

□□□
諦観（ていかん）
本質をはっきりと見極めること。
世界の動きを諦観する。
resignation（レズィグネーション）

□□□
私見（しけん）
自分一人の意見・見解。
私見を述べさせていただきます。
opinion（オピニオン）

□□□
諜報（ちょうほう）
敵の状況をひそかに探って知らせること。
諜報機関で働く。
intelligence（インテリジェンス）

□□□
執する（しゅうする）
深く心にかける。
欲に執して自分を見失う。
attached to（アタッチト トゥ）

□□□
気圧される（けおされる）
勢いに押される。
相手の迫力に気圧される。
overpowered（オーヴァーパワード）

□□□
知悉（ちしつ）
ある物事について、細かい点まで知りつくすこと。
事情を知悉している人。
know thoroughly（ノウ ソローリー）

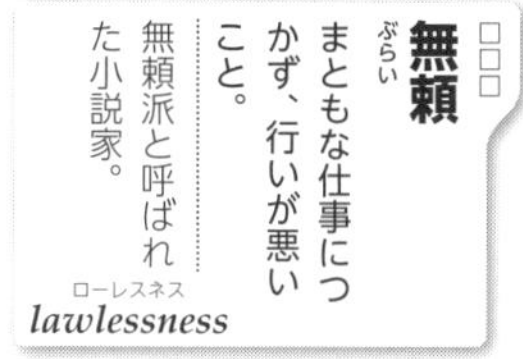

□□□

秋の日はつるべ落とし

あきのひはつるべおとし

秋の日があっという間に暮れることのたとえ。

The sun sets very fast in autumn.

秋は、太陽が大変早く沈む。

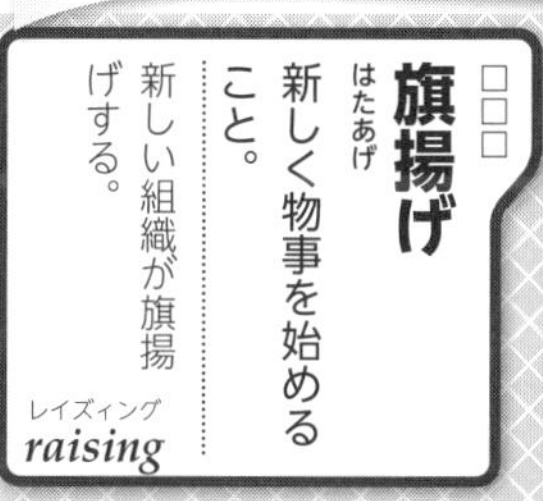

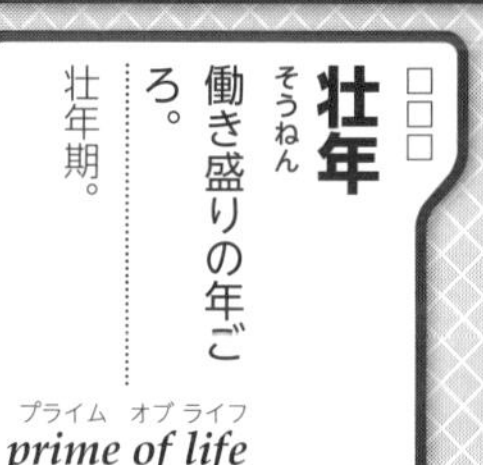

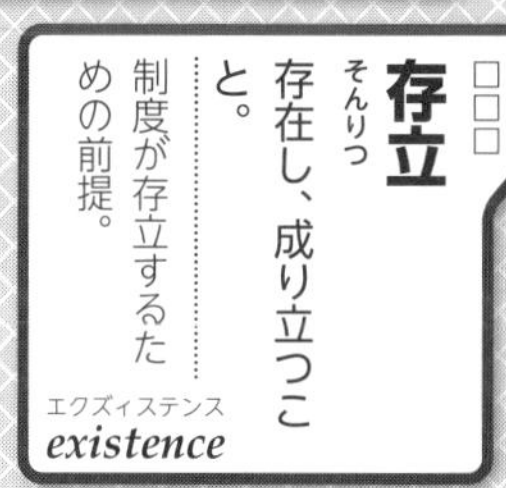

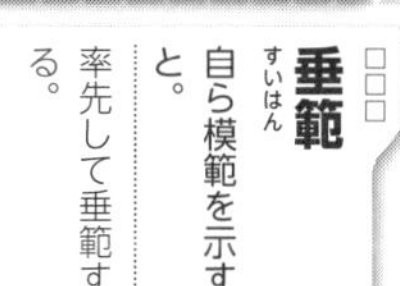

LEVEL 1 2 3

□□□
東屋
あずまや
庭園などにある、柱と屋根だけの休憩用の建物。
東屋でお茶を飲む。
アーバー
arbor

□□□
玉虫色
たまむしいろ
色々に解釈できる、あいまいな表現。
玉虫色の答弁を繰り返す。
イクィヴォカル
equivocal

光陰矢のごとし
こういんやのごとし
□□□
月日が経つのは早いこと。
Time flies.
時は飛び去る。

□□□
痛しかゆし
いたしかゆし
どちらにしても困るという意味。
痛しかゆしな状況です。
ディレンマ
dilemma

□□□
打ち水
うちみず
涼しくするために水をまくこと。
家の前に打ち水をする。
スプリンクリング　ウォーター
sprinkling water

□□□
惹起
じゃっき
ひきおこすこと。
購買意欲を惹起する宣伝文句。
コーズ
cause

□□□
泰然自若
たいぜんじじゃく
物事に動じない。
泰然自若として騒がず。
インパーターバブル
imperturbable

□□□
嫡子
ちゃくし
家を継ぐ者。
嫡子に後を委ねる。
レジティメット　チャイルド
legitimate child

□□□
唯物論
ゆいぶつろん
物質を世界の根本とする考え。
唯物論的思想は、古代からあった。
マテリアリズム
materialism

LEVEL 1 2 3

niche
ニッチ
すきま。
この商売はニッチ産業である。

小ざかしい
こざかしい
利口ぶって、生意気である。
小ざかしい口をきくものではない。
インパーティネント
impertinent

末期
まつご
人が死のうとする時。
末期の言葉を残す。
ダイング モーメント
dying moment

重厚長大
じゅうこうちょうだい
鉄鋼・造船・石油化学などの工業を表す言葉。
重厚長大産業。
マッスィヴ アンド ヘヴィー
massive and heavy

通性
つうせい
世間一般や同じ種類に認められる共通の性質。
日本人の通性。
コモン クオリティー
common quality

随に
まにまに
なりゆきにまかせている様子。
波の随に漂う小舟。
アット マースィー オブ
at mercy of

述懐
じゅっかい
過去への思いを述べること。
当時の情景を述懐する。
リコレクション
recollection

焼きが回る
やきがまわる
年をとるなどして衰えてにぶくなる。
こんな事ができないとは、焼きが回ったものだ。
ゴー ダウンヒル
go downhill

李下に冠を正さず
りかにかんむりをたださず

誤解を招くような行動はすべきではないという戒め。

He that will do no ill, must do nothing that belongs thereto.
悪事をすまいと思う者は、悪事と思われることをしてはならない。

□□□
流布（るふ）
世間に広まること。
悪い噂があっという間に流布する。
プレヴァランス
prevalence

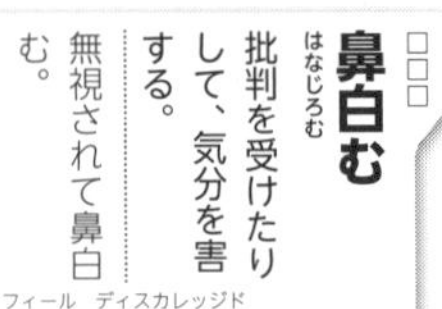

□□□
鼻白む（はなじろむ）
批判を受けたりして、気分を害する。
無視されて鼻白む。
フィール ディスカレッジド
feel discouraged

□□□
academic
アカデミック
学問的であること。
アカデミックな話題についていけない。

□□□
反旗を翻す（はんきをひるがえす）
反逆する。
指導者に対して反旗を翻す。
リヴォールト
revolt

□□□
毒を以って毒を制す
どくをもってどくをせいす
悪を除くために別の悪を利用すること。
fight fire with fire
火には火で戦う。

□□□
万難を排する（ばんなんをはいする）
あらゆる困難や障害を除いて突き進む。
万難を排した計画を立てる。
アット オールコスツ
at all costs

□□□
斟酌（しんしゃく）
相手の事情などをくみとること。手加減すること。
相手への評価に斟酌を加える。
コンスィダレーション
consideration

□□□
意気衝天（いきしょうてん）
やる気が激しく盛んなこと。
意気衝天の勢い。
ハイ スピリッツ
high spirits

□□□
相克（そうこく）
対立する両者が争うこと。
愛憎が相克する。
コンフリクト
conflict

□□□
些事（さじ）
小さな事。くだらぬ事。
それは今は些事に過ぎない。
trifle matter（トライフル マター）

□□□
中枢（ちゅうすう）
中心となる、大切なところ。
組織の中枢を揺るがす出来事。
central part（セントラル パート）

□□□
庇護（ひご）
弱いものをかばって守ること。
両親の庇護の下で育つ。
protection（プロテクション）

□□□
青天白日（せいてんはくじつ）
罪や疑わしいことがないこと。
疑いが晴れて、青天白日の身となる。
innocent（イノセント）

□□□
放縦（ほうじゅう）
勝手気ままでだらしがないさま。
放縦な生涯を送る。
self-indulgence（セルフインダルジェンス）

□□□
厳命（げんめい）
厳しく命じること。
規則を守るよう厳命する。
strict order（ストリクト オーダー）

□□□
閑話休題（かんわきゅうだい）
それはさておき。
その件は閑話休題として話を進めたい。
return from digression（リターン フロム ディグレッション）

□□□
妙味（みょうみ）
おもしろみ。
小説の独特な妙味を楽しむ。
charm（チャーム）

□□□
好好爺（こうこうや）
優しくて人のいい老人。
いかにも好好爺といった風貌の老人。
genial old man（ジニアル オールド マン）

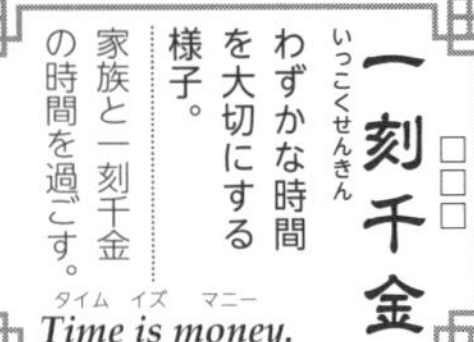

一刻千金（いっこくせんきん）

わずかな時間を大切にする様子。

家族と一刻千金の時間を過ごす。

Time is money.（タイム　イズ　マニー）

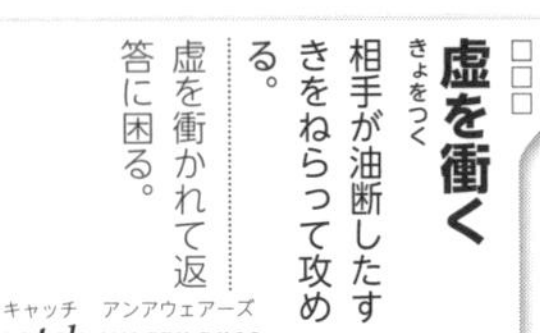

虚を衝く（きょをつく）

相手が油断したすきをねらって攻める。

虚を衝かれて返答に困る。

catch unawares（キャッチ　アンアウェアーズ）

鋭意（えいい）

一生懸命励むこと。

今後も、鋭意努力いたします。

eagerly（イーガリー）

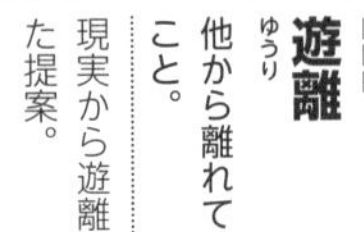

遊離（ゆうり）

他から離れていること。

現実から遊離した提案。

separation（セパレーション）

成算（せいさん）

成功する見込み。

この事業には成算がある。

confidence in success（コンフィデンス　イン　サクセス）

replica

レプリカ

美術品などのコピー。

名画のレプリカを販売する。

道標（どうひょう）

方向や距離を示す札。道しるべ。

分かれ道に立てられた道標。

guidepost（ガイドポスト）

咎（とが）

人から責められたりするような行い。

失敗を彼の咎にしてしまう。

charge（チャージ）

蝸牛角上の争い

かぎゅうかくじょうのあらそい

狭い世界でのつまらない争い。

A storm in a teacup.

コップの中の嵐。

LEVEL

同病相哀れむ

どうびょうあいあわれむ

□□□

同じ悩みなどを持つ者は、助け合い同情するものだということ。

Misery makes strange bedfellows.

不幸は奇妙な仲間を作る。

1

□□□
金満家
きんまんか
大金持ち。富豪。
趣味があまり良くない金満家。
ミリオネア
millionaire

□□□
阿漕
あこぎ
義理や人情に欠け、あくどいこと。
阿漕な商売に手を染める。
ハートレスネス
heartlessness

□□□
多義
たぎ
多くの意味。
多義をはらんだ論理。
アンビギュイティー
ambiguity

□□□
俗化
ぞくか
俗な世間に染まること。
世間にもまれて俗化する。
ヴァルガライゼーション
vulgarization

□□□
色をなす
いろをなす
とても怒ること。
相手の横柄な態度に色をなす。
レージ
rage

□□□
拡幅
かくふく
道路などの幅を広げる。
道路の拡幅工事が長引く。
ワイドニング
widening

2

□□□
胚胎
はいたい
物事の起こる原因が生じること。
現代社会に胚胎する大問題。
アライズ
arise

innovation
イノベーション
□□□
技術革新。
この産業にはイノベーションが必要だ。

3

亀の甲より年の功

かめのこうよりとしのこう

□□□

長い間の経験は何よりも尊いということ。

Age and experience teach wisdom.

老いと経験は賢明さを教える。

□□□ 食指が動く（しょくしがうごく）

食欲や興味が起こる。

食指が動く条件だ。

have craving for（ハヴ クレーヴィング フォー）

□□□ 身空（みそら）

身の上。体。

若い身空で苦労をする。

body（ボディー）

□□□ 背反（はいはん）

背くこと。相容れないこと。

上司の命令に背反する。

rebellion（レベリオン）

□□□ 不惑（ふわく）

考え方などに迷いのないこと。四十歳のこと。

不惑を迎えて心を引き締める。

age forty（エージ フォーティー）

□□□ 憚る（はばかる）

遠慮してためらう。

人目を憚って行動する。

hesitate（ヘズィテート）

□□□ 得手勝手（えてかって）

自分にだけ都合のいいように行動すること。

誰も彼も得手勝手が過ぎる。

selfish（セルフィッシュ）

□□□ 諫言（かんげん）

目上の人の過ちなどに対して忠告すること。

将軍に諫言する。

admonishment（アドモニッシュメント）

bias バイアス □□□

かたより。

彼女の見方にはバイアスがかかっている。

LEVEL 1

□□□
奥歯に衣を着せる
おくばにきぬをきせる
物事をはっきり言わず、遠まわしな言い方をすること。
奥歯に衣を着せた言い方。
セイ インダイレクトリー
say indirectly

□□□
出色
しゅっしょく
特に優れていること。
その絵は出色のできばえだ。
ディスティンクション
distinction

□□□
一蹴する
いっしゅうする
冷たくはねつけること。断ること。
先方の要求を一蹴する。
リフューズ
refuse

biotechnology
バイオテクノロジー
□□□
生物を研究し、応用する技術。
バイオテクノロジーの研究を行う。

名は体を表す
なはたいをあらわす
□□□
名はそのものの実体を表している。

Names and natures do often agree.
名前と性格はしばしば一致する。

LEVEL 2

□□□
追体験
ついたいけん
人の体験を自分で再現する。
映画を通じた追体験。
エクスペリエンス ヴァイキャリアスリー
experience vicariously

□□□
雑感
ざっかん
まとまりのない、種々の感想。
思いつくままに雑感を述べる。
インプレッションズ
impressions

LEVEL 3

□□□
隠忍自重
いんにんじちょう
苦しみなどをじっと抑え、軽はずみな行動をしないこと。
当分の間、隠忍自重して下さい。
ペイシェンス
patience

□□□
啓蟄
けいちつ
冬ごもりの虫が地中からはい出るころ。
啓蟄の恒例行事。
アウェークニング フロム ハイバーネーション
awakening from hibernation

□□□
倒錯（とうさく）

逆になること。正常でなくなること。

倒錯した欲望から起きた事件。

perversion（パーヴァーション）

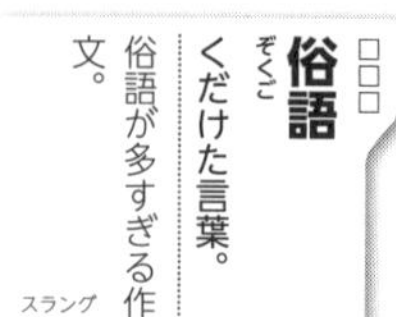

□□□
俗語（ぞくご）

くだけた言葉。

俗語が多すぎる作文。

slang（スラング）

□□□
共生（きょうせい）

共に生きること。

互いを補いながら共生する生物たち。

co-existence（コエクズィステンス）

□□□
雌雄を決する（しゆうをけっする）

勝ち負けや優劣を決める。

いよいよ雌雄を決する時が来た。

have showdown（ハヴ ショウダウン）

□□□
逗留（とうりゅう）

旅先などにしばらくとどまること。

温泉宿にしばらく逗留する。

sojourn（ソージャーン）

□□□
希求（ききゅう）

強く願い求めること。

世界平和を希求する心。

long（ロング）

□□□
内憂外患（ないゆうがいかん）

内外の心配事。

内憂外患で身動きがとれない。

internal worry and external strife（インターナル ウォーリー アンド エクスターナル ストライフ）

□□□
喧伝（けんでん）

盛んに言い広めること。

世に広く喧伝された噂話。

spread abroad（スプレッド アブロード）

□□□
知らぬ顔の半兵衛（しらぬかおのはんべえ）

知っているのに知らないふりをして、とぼけること。

知らぬ顔の半兵衛を決め込む。

pretend ignorance（プリテンド イグノランス）

LEVEL 1

醸成（じょうせい）

原料を発酵させて酒やしょうゆなどをつくること。

しょうゆを醸成する。

brew（ブリュー）

遮二無二（しゃにむに）

他の事を考えずに、ただひたすらに。

目標達成のため、遮二無二頑張る。

blindly（ブラインドリー）

senior

シニア

年長者。上級者。高齢者。

シニア対象のクラスに入る。

大見得を切る（おおみえをきる）

自信のあることを強調するために、大げさなことを言ったりしたりする。出来もしないことを出来るように言う。

絶対に優勝すると大見得を切る。

gesture exaggeratedly（ジェスチャー エグザジュレーティッドリー）

陣中見舞い（じんちゅうみまい）

多忙な人などを見舞い、激励すること。

選挙事務所への陣中見舞い。

visit to persons hard at work as a sign of support（ヴィズィット トゥ パーソンズ ハード アット ワーク アズ ア サイン オブ サポート）

画然（かくぜん）

区別がはっきりとしているさま。

両者には画然とした違いがある。

distinct（ディスティンクト）

2

耽美（たんび）

美を最高の価値として、その世界に酔うこと。

耽美的な恋愛小説。

aesthetics（エステティックス）

寄る辺ない（よるべない）

身を寄せるあてがない。

寄る辺ない身の上を嘆く。

no place to go（ノー プレース トゥ ゴー）

3

隔靴掻痒（かっかそうよう）

思うようにならず、じれったいこと。

変化が見られず、隔靴掻痒の感がある。

frustrating（フラストレイティング）

朝未き（あさまだき）

夜が明けきらないころ。

朝未きに床を出る。

before dawn（ビフォア ドーン）

□□□
仰々しい
ぎょうぎょうしい
おおげさな様子。

小さな傷に、仰々しく包帯をまく。

オステンテーシャス
ostentatious

□□□
逆説
ぎゃくせつ
反対の説明をしているようで、実は正しい考え。

「急がば回れ」は逆説的な表現だ。

パラドックス
paradox

盗人たけだけしい
ぬすっとたけだけしい

□□□

悪いことをしながらも開き直る様子。

He bites the ear yet seems to cry for fear.

彼は相手の耳をかじっておきながら、相手を恐れて泣くふりをする。

□□□
手ずから
てずから
直接自分の手で。

市長が手ずからトロフィーを授与する。

パーソナリー
personally

□□□
備忘録
びぼうろく
忘れないための記録。

整理するための備忘録を作成する。

メモランダム
memorandum

人面獣心
じんめんじゅうしん

□□□

顔は人だが、心は獣のように冷酷なこと。

人面獣心の殺人犯。

ビースト イン ヒューマン フォーム
beast in human form

□□□
愚挙
ぐきょ
ばかげた行い。

その行為は愚挙でしかない。

フーリッシュ アテンプト
foolish attempt

initiative
イニシアティヴ

□□□

主導権。

イニシアティヴが他の人に移る。

□□□
肝胆相照らす
かんたんあいてらす
互いに心の底まで打ち明けて、交際すること。

彼とは肝胆相照らす仲だ。

プロファウンドリー コンパティブル
profoundly compatible

LEVEL 1

投函（とうかん）
郵便物をポストに入れること。
手紙を投函する。
posting（ポスティング）

折に触れて（おりにふれて）
機会があるたびにいつも。
折に触れて注意する。
at every opportunity（アット エヴリー オポチュニティー）

色眼鏡（いろめがね）
かたよった考えを持って見ること。
人を色眼鏡で見るのは良くない。
prejudice（プレジュディス）

海千山千（うみせんやません）
あらゆる経験をつんでいて、悪がしこい人。
あの人は海千山千のしたたか者だ。
crafty old fox（クラフティオールド フォックス）

LEVEL 2

下駄を預ける（げたをあずける）
物事の処理などを相手に任せきることのたとえ。
作業は部下に下駄を預けた。
leave to（リーヴ トゥ）

寸劇（すんげき）
ごく短い簡単な劇。
いくつかの寸劇を上演する。
short play（ショート プレー）

風雲急を告げる（ふううんきゅうをつげる）
今にも大きな変動が起きそうな情勢である。
風雲急を告げる政権交代の動き。
have become critical（ハヴ ビカム クリティカル）

上げ潮（あげしお）
満ち潮。勢いが盛んになる。
経営が上げ潮に乗る。
high tide（ハイ タイド）

LEVEL 3

騰貴（とうき）
値段が高くなること。
物価が急に騰貴する。
rise（ライズ）

やらずの雨（やらずのあめ）
帰ろうとする人をひきとめるかのように降ってくる雨。
タイミング悪くやらずの雨が降り出した。
rain just when leaving（レイン ジャスト ホエン リーヴィング）

青天の霹靂
せいてんのへきれき

急に起きた大事件のこと。

a bolt from the blue

青天から稲妻。

目礼
もくれい

目だけで挨拶する。

廊下ですれ違い際に目礼する。

ノッド
nod

異境
いきょう

自分の故国でないよその土地。

異境にて故国を思う。

ディスタント ランド
distant land

幻惑
げんわく

人の目をくらまし、心や判断をまどわすこと。

たくみな話術に幻惑される。

ダズル
dazzle

金字塔
きんじとう

偉大な達成物。

誰にも到達できない金字塔を打ちたてる。

モニュメンタル ワーク
monumental work

腹蔵ない
ふくぞうない

心の中に隠さない。

腹蔵ない意見を述べる。

アンリザーヴド
unreserved

訥々
とつとつ

口ごもりながら話すさま。

体験談を訥々と語る。

ホルティング
halting

夏炉冬扇
かろとうせん

季節外れで役に立たないもののたとえ。

夏炉冬扇としか言いようのない代物。

ユースレス スィングス
useless things

肯ずる
がえんずる

聞き入れる。引き受ける。

その条件では頑として肯じない。

アクセプト
accept

妥結（だけつ）
対立者が折れあい、話がつくこと。
交渉が妥結する。
compromised agreement（コンプロマイズド アグリーメント）

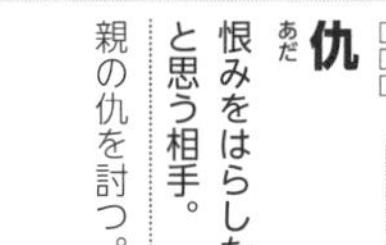

仇（あだ）
恨みをはらしたいと思う相手。
親の仇を討つ。
vengeance（ヴェンジャンス）

nationalism
ナショナリズム
国家や民族の独立などを目指す思想や運動。
ナショナリズムに傾斜した政権。

体現（たいげん）
具体的な形にあらわすこと。
作者の感性を体現した作品。
embodiment（エンボディメント）

魚心あれば水心
うおごころあればみずごころ

相手がこちらを好きならば、こちらも同じ気持ちになるということ。

You scratch my back and I'll scratch yours.
私の背中をひっかいてくれたら、君の背中をひっかいてあげよう。

耽溺（たんでき）
一つのことに夢中になって、他をかえりみない。
ギャンブルに耽溺する。
addiction（アディクション）

気脈（きみゃく）
連絡。意志の通じ合い。
スムーズに事を運ぶため、気脈を通じておく。
communication（コミュニケーション）

青雲の志（せいうんのこころざし）
自分を高めて、出世をしようとする志。
青雲の志をいだいて上京する。
great ambitions（グレート アンビションズ）

符丁（ふちょう）
合い言葉。印。
あらかじめ符丁を決めておく。
watchword（ウォッチワード）

auction
オークション
競売。競り売り。
オークションサイトで購入する。

監修（かんしゅう）
著述・編集などを監督すること。
参考書を監修する。
editorial supervision（エディトーリアル スーパーヴィジョン）

かりそめ
一時的なこと。いいかげんなこと。
かりそめの解決策で済ます。
temporary（テンポラリー）

いみじくも
非常にうまく。適切に。
暑さ寒さも彼岸まで、とはいみじくも言い得たものだ。
well（ウェル）

待てば海路の日和あり
まてばかいろのひよりあり
あわてずに待っていれば、いずれ幸運がまいこんでくるということ。
Everything comes to him who waits.
待つ者にはどんなことでも叶えられる。

首肯（しゅこう）
うなずくこと。納得すること。
首肯しかねる提案。
convinced（コンヴィンスト）

適宜（てきぎ）
ほどよいこと。
必要に応じて適宜指導をする。
appropriate（アプロプリエイト）

帰趨（きすう）
行き着くところ。
勝敗の帰趨を見届ける。
result（リザルト）

commission
コミッション
物事を他人にまかせること。委託業務に対する手数料。
10%のコミッションが発生する。

LEVEL 1

好敵手（こうてきしゅ）
良いライバル。
好敵手の存在は、互いにとってプラスになる。
rival（ライヴァル）

有象無象（うぞうむぞう）
世の中にたくさんいる、くだらない者たち。
有象無象の言うことなど気にしない。
all trifles（オール トライフルズ）

心付け（こころづけ）
チップ。ご祝儀。
店員に心付けを渡す。
tip（ティップ）

きな臭い（きなくさい）
こげくさい。
たたみがこげて、きな臭い。
scorching（スコーチング）

2

内柔外剛（ないじゅうがいごう）
内心は気が弱いが、外見は強そうに見えること。
彼はああ見えて内柔外剛だ。
look tough but soft inside（ルック タフ バット ソフト インサイド）

定見（ていけん）
しっかりした一定の意見。
定見のない政治家。
fixed opinion（フィックスト オピニオン）

担い手（にないて）
中心となってある事を支え、進めていく人。
我が家の生計の担い手。
leader（リーダー）

附合（ふごう）
くっつけること。
複数からなる附合物。
accession（アセッション）

3

具申（ぐしん）
事情を詳しく申し立てること。
新しい案を具申する。
report（リポート）

仄聞（そくぶん）
人づてや噂などで聞くこと。
仄聞するところによれば。
learn by hearsay（ラーン バイ ヒアセイ）

rebound
リバウンド
□□□
ダイエットをやめた時の体重増加などのはね返り。
ダイエットのリバウンド。

□□□
はからずも
思いがけず。偶然に。
旅先ではからずも親しい友に会った。
アンエクスペクティッドリー
unexpectedly

□□□
紋切り型（もんきりがた）
決まりきった型どおりのやり方。
紋切り型のあいさつをする。
ステレオタイプ
stereotype

□□□
前例主義（ぜんれいしゅぎ）
過去の例やしきたりに厳密に従うこと。
前例主義にとらわれていては、進歩はない。
インクリネーション トゥウォーズ スペシャリスツ
inclination towards specialists

□□□
既得権（きとくけん）
すでに獲得している権利。
石にかじりついても既得権を守る。
ヴェスティッド ライツ
vested rights

□□□
通念（つうねん）
世間一般に共通して認められている考え。
社会通念を念頭に置く。
コモン アイディア
common idea

毒を食らわば皿まで
どくをくらわばさらまで
□□□
どうせここまでやったのなら、最後までやり通そうというたとえ。

In for a penny, in for a pound.
1ペニーを狙うなら、1ポンドを狙いなさい。

□□□
常住坐臥（じょうじゅうざが）
いつも。ふだん。
常住坐臥記憶にとどめておく。
オールウェイズ
always

□□□
抜き手を切る（ぬきてをきる）
指先から水を切って泳ぐ。
抜き手を切って海峡を渡る。
スイム オーヴァーアーム
swim overarm

LEVEL 1

□□□
紛う（まがう）
区別できないほどよく似ている。
実物と紛うばかりの造花。
mistaken（ミステークン）

□□□
針小棒大（しんしょうぼうだい）
小さいことを大きく言うこと。
自分の苦労を針小棒大に言う。
great exaggeration（グレート エグザジュレーション）

□□□
立て板に水（たていたにみず）
すらすらと話すこと。
彼女の説明は、立て板に水のごとく続いた。
fluent speech（フルーエント スピーチ）

2

□□□
泡沫（うたかた）
水に浮かぶ泡。はかないさま。
あぶく銭が泡沫のごとく消える。
bubbles（バブルズ）

□□□
色を正す（いろをただす）
あらたまった顔つきをする。
色を正して謝罪する。
look serious（ルック スィリアス）

□□□
踏鞴を踏む（たたらをふむ）
勢い余って止まれずに、数歩前に出てしまうこと。
突然止められて踏鞴を踏む。
totter（トッター）

□□□
隠喩（いんゆ）
「～ような」を使わずに例えること。
「雪の肌」は、「雪のような肌」の隠喩だ。
metaphor（メタファー）

3

□□□
包摂（ほうせつ）
ある考えが、より一般的な考えにつつみこまれること。
その考えは無政府主義という概念に包摂される。
subsumption（サブサンプション）

□□□
驥尾に付す（きびにふす）
優れた人に従えば立派なことを成しえる。
先達の驥尾に付す。
follow suit（フォロー スート）

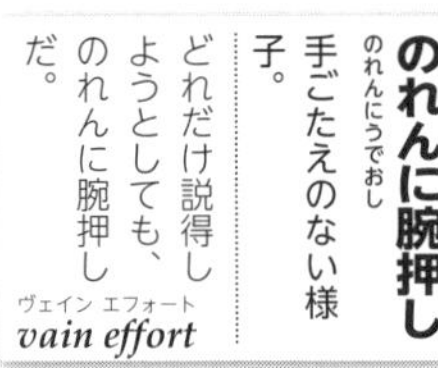

□□□
のれんに腕押し（のれんにうでおし）

手ごたえのない様子。

どれだけ説得しようとしても、のれんに腕押しだ。

vain effort（ヴェイン エフォート）

□□□
傍若無人（ぼうじゃくぶじん）

勝手気ままに振る舞うこと。

傍若無人にさわぐ。

act ignoring others（アクト イグノアリング アザーズ）

□□□
拙劣（せつれつ）

へたなこと。

拙劣な表現。

poor（プアー）

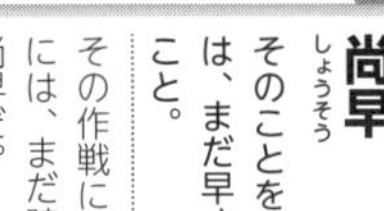

□□□
尚早（しょうそう）

そのことをするには、まだ早すぎること。

その作戦に出るには、まだ時期尚早だ。

too soon（トゥー スーン）

□□□
睥睨（へいげい）

にらみつけて勢いを示すこと。

聴衆たちを睥睨する。

glare（グレア）

□□□
上申（じょうしん）

上役などに意見や事情を述べる。

制度の改革案を上申する。

report（リポート）

□□□
直截（ちょくせつ）

まわりくどくなく、ずばりと言うこと。

簡明で直截的な文章。

straight（ストレート）

□□□
先途（せんど）

勝敗・運命などの大事な分かれ目。

ここを先途と奮いたつ。

crisis in battle（クライスィス イン バトル）

scheme
スキーム

計画。

明確なスキームのもとで企画を進める。

□□□

□□□
言をまたない（げんをまたない）

改めて言うまでもない。

結果が最優先されることは言をまたない。

needless to say（ニードレス トゥ セイ）

顔色を失う（がんしょくをうしなう）

相手に圧倒されて、元気をなくすこと。

敵のあまりの強さに顔色を失った。

overwhelmed（オーヴァーホェルムド）

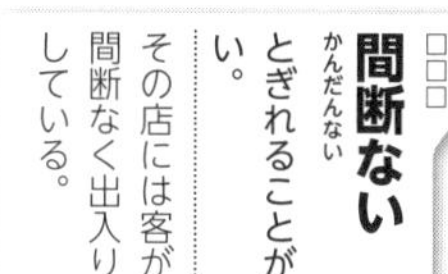

間断ない（かんだんない）

とぎれることがない。

その店には客が間断なく出入りしている。

constant（コンスタント）

ネイティブ *native*

その土地の人。

ネイティブスピーカーに英語を学ぶ。

憤懣（ふんまん）

腹が立って、どうにも我慢できない気持ち。

憤懣をぶつける。

indignation（インディグネーション）

楔（くさび）

二つのものを固くつなぎ合わせるもの。

両国の関係の楔となる。

tie（タイ）

四角四面（しかくしめん）

堅苦しい様子。

四角四面な態度を崩さない。

prim（プリム）

忌避（きひ）

嫌がって避けること。

困難な挑戦を忌避する。

evasion（イヴェージョン）

微に入り細を穿つ（びにいりさいをうがつ）

かなり細かい点まで気を配る。

微に入り細を穿った説明。

go into the minutest details（ゴー イントゥ ザ マイニューティスト ディテールズ）

相撲に勝って勝負に負ける

すもうにかってしょうぶにまける

経過は良いのに結果的に失敗する。

Better in match, but losing the game.

対戦内容では勝っているが、試合結果としては負け。

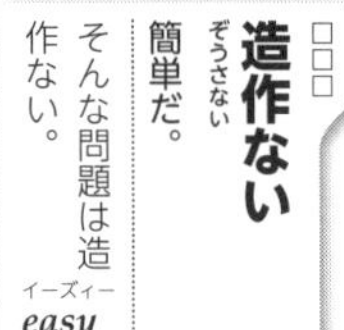

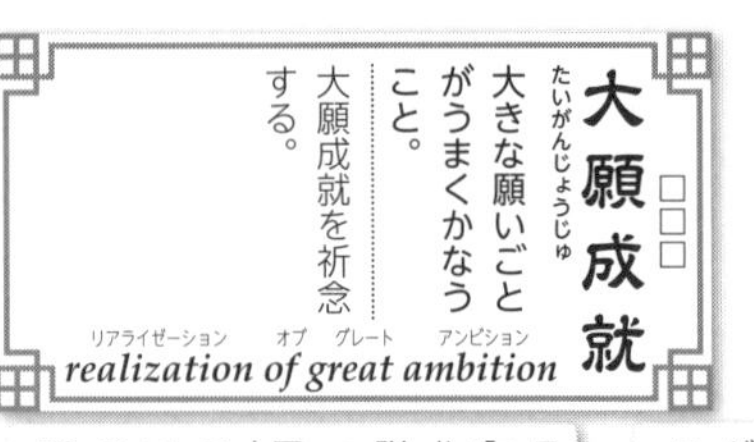

□□□
人後に落ちない
じんごにおちない

他人に劣ることがない。

ゲームでは人後に落ちない。

セカンド トゥ ナン
second to none

□□□
自明の理
じめいのり

説明しなくてもはっきりしている様子。

それが誰のせいでもないということは、自明の理だ。

セルフ エヴィデント
self-evident

monitor
モニター

監視すること・人。

モニターを募集する。

□□□

□□□
索漠
さくばく

心を満たすものがなく、もの寂しく感じるさま。

索漠たる思いに悩む。

ドレアリー
dreary

□□□
猛者
もさ

力や技が優れた、強い人。

全国の猛者が集結する。

ストルワート
stalwart

□□□
練磨
れんま

心や身を鍛え、磨くこと。

集中心を練磨する。

トレーニング
training

□□□
浅薄
せんぱく

考えや知識が浅く、行き届いていないこと。

浅薄な考え方。

スーパーフィシャリティー
superficiality

□□□
底意
そこい

隠されたねらい。下心。

相手の底意を探る。

アンダーライング インテンション
underlying intention

LEVEL 1

腹案（ふくあん）
心の中に持っている考え。
腹案を準備して会議に臨む。
plan in mind（プラン イン マインド）

はかばかしい
物事がうまく進んでいる。
工事の進み具合がはかばかしくない。
making progress（メーキング プログレス）

インフラ
infrastructure
水道や電気など、社会生活の基盤。
インフラが整備される。

轍（わだち）
車が通った後に残る車輪の跡。
道には、馬車の轍の跡が残っていた。
rut（ラット）

和をもって貴しとなす
わをもってとうとしとなす
みんなが仲良く争いを起こさないのが良いということ。
Cherish the harmony among people.
人との間の調和を大切にせよ。

LEVEL 2

後塵を拝する（こうじんをはいする）
先を越され、遅れてしまうこと。
この分野では後塵を拝している。
outdone（アウトダン）

耳目を集める（じもくをあつめる）
人々の注目を集める。
世間の耳目を集める。
attract attention（アトラクト アテンション）

LEVEL 3

剣呑（けんのん）
危険なさま。ぶっそうなさま。
剣呑な空気が漂っている。
danger（デンジャー）

鰻の寝床（うなぎのねどこ）
入口が狭くて奥行きの深い建物や場所のたとえ。
鰻の寝床のような長屋。
long narrow room（ロング ナロー ルーム）

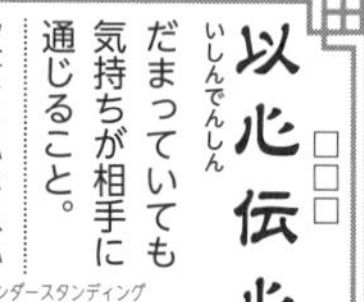
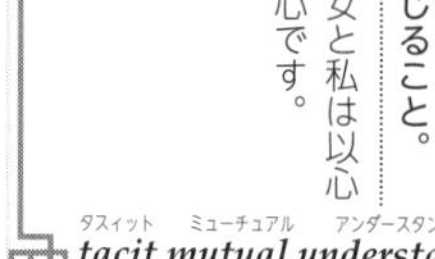

□□□
以心伝心（いしんでんしん）

だまっていても気持ちが相手に通じること。

彼女と私は以心伝心です。

tacit mutual understanding（タスィット ミューチュアル アンダースタンディング）

□□□
断行（だんこう）

決心して、きっぱりと行うこと。

家賃の値上げが断行された。

dare to（デア トゥ）

□□□
枚挙にいとまがない（まいきょにいとまがない）

とても多くて、いちいち数え切れない。

ぼくの失敗談は枚挙にいとまがない。

too numerous to mention（トゥー ニューメラス トゥ メンション）

□□□
面当て（つらあて）

わざと嫌なことを言ったりしたりすること。

面当てにいやみを言う。

spiteful remarks（スパイトフル リマークス）

□□□
deja vu
デジャヴ

初めてなのに、すでにどこかで経験したことがあるように感じること。

初めて来た場所なのにデジャヴを感じる。

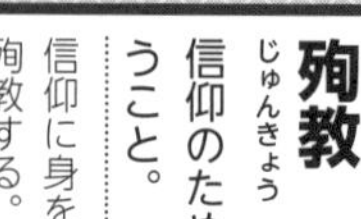

□□□
殉教（じゅんきょう）

信仰のために命を失うこと。

信仰に身を捧げて殉教する。

martyrdom（マータダム）

□□□
我が意を得たり（わがいをえたり）

自分の考えと一致する。

我が意を得たりとばかりうなずく。

as wished（アズ ウィッシュト）

□□□
必定（ひつじょう）

必ずそうなること。

戦力を上げないと低迷は必定だ。

inevitability（インエヴィタビリティー）

□□□
闇夜に鉄砲（やみよにてっぽう）

あてずっぽうにやってみること。

闇夜に鉄砲でまぐれを期待する。

aimless attempt（エイムレス アテンプト）

□□□
情けが仇（なさけがあだ）

同情や思いやりからしたことが、かえって相手のためにならないこと。

それは情けが仇というものだ。

misplaced kindness（ミスプレイスト カインドネス）

二階から目薬

にかいからめぐすり

思うようにならないこと。効果がないこと。

Far water does not put out near fire.

遠くの水は近くの火を消せない。

手前みそ

てまえみそ

自分のことを自慢すること。

自分の作品が一番良いと、手前みそを並べる。

セルフプレーズ
self-praise

無尽蔵

むじんぞう

いくらとってもなくならないこと。

無尽蔵とも言える数。

インエグゾースティビリティー
inexhaustibility

臆断

おくだん

根拠もなく、推理で判断すること。

身勝手な臆断が失敗を招く。

スペキュレーション
speculation

賭する

とする

ある目的のために、失うことを覚悟で差し出す。

名誉を賭して立候補する。

リスク
risk

荼毘に付す

だびにふす

火葬にする。

遺体が荼毘に付される。

クリメート
cremate

我田引水

がでんいんすい

自分の都合のいいように考えたり、振る舞うこと。

その計画は我田引水に聞こえる。

ホィール アンド ディール
wheel and deal

synergy シナジー

複数の力が合わさって、個々以上の結果が出ること。

シナジー効果が期待される。

横溢

おういつ

満ちあふれること。盛んなこと。

若い力が横溢している。

オーヴァーフロー
overflow

LEVEL 1 2 3

顕在（けんざい）
□□□
はっきりと存在すること。

この事件で、様々な問題点が顕在化した。

appearance（アピアランス）

リピーター
□□□
repeater

同じ店や場所を何度も利用する人。

リピーターが多いレストラン。

いやしくも
□□□
仮にも。どんなことがあっても。

そんなことは、いやしくも学生がすべきことではない。

even if（イヴン イフ）

一矢を報いる（いっしをむくいる）
□□□
反撃をして、わずかでも仕返しをすること。

土壇場で敵に対して一矢を報いる。

return an attack（リターン アン アタック）

大鉈を振るう（おおなたをふるう）
□□□
思い切って大胆な処理をすること。

古い組織に大鉈を振るう。

make drastic cut（メーク ドラスティックカット）

当て馬（あてうま）
□□□
相手の様子をうかがうために差し出した者。

あの候補は当て馬に過ぎない。

stalking horse（ストーキング ホース）

一意専心（いちいせんしん）
□□□
心を一つのことに集中すること。

一意専心で事件の調査を行う。

single-mindedness（スィングル マインディッドネス）

領袖（りょうしゅう）
□□□
集団のトップとなる人。

各党の領袖が一堂に会する。

leader（リーダー）

薫陶（くんとう）
□□□
優れた力で人に影響を与え、教育すること。

恩師による薫陶のたまもの。

virtuous influence（ヴァーチャス インフルエンス）

可塑性（かそせい）
□□□
固体に外力を加えて変形させ、力を取り去ってももとに戻らない性質。

可塑性の高い物質。

plasticity（プラスティスィティー）

□□□
辺境
へんきょう
都会から遠く離れた土地。
辺境の地を訪れる。
フロンティア
frontier

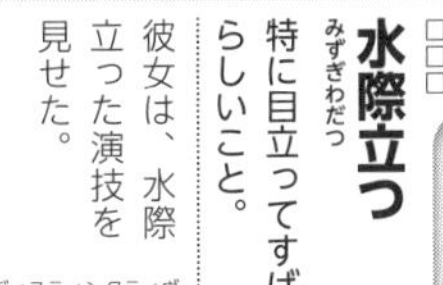

□□□
水際立つ
みずぎわだつ
特に目立ってすばらしいこと。
彼女は、水際立った演技を見せた。
ディスティンクティヴ
distinctive

□□□
言及
げんきゅう
あることにまで話が及ぶこと。
わかりやすい例に言及して、説明をする。
レファレンス
reference

□□□
はなも引っ掛けない
はなもひっかけない
相手にしない。
彼は有名になり、昔の友人にはなも引っ掛けなくなった。
ディスリガード
disregard

死んだ子の年を数える
しんだこのとしをかぞえる

□□□

今さら言ってもどうにもならないことを悩むこと。

It is no use crying over spilt milk.

こぼれたミルクを嘆いても仕方がない。

□□□
万感
ばんかん
様々な感じ・思い。
万感胸に迫る思いです。
フラッド オブ イモーションズ
flood of emotions

□□□
四散
しさん
四方に散らばること。
観衆が四散する。
ディスパース
disperse

□□□
不問に付す
ふもんにふす
過ちなどをとがめないでおく。
部下のミスを不問に付す。
オーヴァールック
overlook

□□□
無手勝流
むてかつりゅう
戦わずに勝つこと。
無手勝流で相手を倒した。
ウィニング ウィズアウト ファイティング
winning without fighting

□□□
転機（てんき）
それまでの状態が別の状態に変わるきっかけ。
兄は結婚を転機に仕事に励むようになった。
turning point（ターニング ポイント）

□□□
お先棒をかつぐ（おさきぼうをかつぐ）
人の手先になること。
相手のお先棒をかつぐ。
become cat's paw（ビカム キャッツ ポー）

□□□
往々にして（おうおうにして）
時々。繰り返し起こる。
計算間違いは、往々にして起こりうる。
sometimes（サムタイムズ）

□□□
杓子定規（しゃくしじょうぎ）
融通が利かない。
杓子定規な対処法。
inflexibility（インフレクスィビリティー）

object
オブジェ
物体。
不思議なオブジェが目を引く。
□□□

□□□
口添え（くちぞえ）
そばから言葉を添えてとりなすこと。
困っている知人のために口添えする。
advice（アドヴァイス）

□□□
万雷の拍手（ばんらいのはくしゅ）
大きな拍手。
万雷の拍手に応える。
thunderous applause（サンダラス アプローズ）

□□□
渋面（じゅうめん）
不愉快そうな、にがにがしい顔つき。
思わず渋面を作る。
frown（フラウン）

□□□
白河夜船（しらかわよぶね）
何が起きても気づかぬほど、ぐっすり眠っているさま。
白河夜船の高いびきをかく。
fast asleep（ファースト アスリープ）

LEVEL

へそで茶を沸かす

へそでちゃをわかす

□□□

おかしくてたまらないこと。

It would make a horse laugh.

それは馬も笑わせるだろう。

□□□
一計を案じる
いっけいをあんじる

ある計画を考え出す。

勝つために一計を案じる。

ディヴァイスア　プラン
devise a plan

□□□
推敲
すいこう

文章に何度も手を加えて、いいものにすること。

詩の推敲を重ねる。

エラボレーション
elaboration

1

□□□
公序良俗
こうじょりょうぞく

社会の秩序と道徳。

公序良俗を乱す行動。

パブリック オーダー アンド モラルズ
public order and morals

□□□
理詰め
りづめ

理屈ばかりで進めること。

理詰めでは納得しない相手。

セオリティカル
theoretical

□□□
堪え性がない
こらえしょうがない

耐える力がない。

堪え性がない子どもに教育を施す。

ウィズアウト　パーセヴィアランス
without perseverance

□□□
懇請
こんせい

心を込めてひたすら頼むこと。

施設の使用許可を懇請する。

エントリーティー
entreaty

2

□□□
慚愧
ざんき

深く恥じ入ること。

慚愧に堪えない。（恥ずかしくて仕方ない）

シェーム
shame

□□□
拠所ない
よんどころない

そうするより仕方がない。

拠所ない事情があって、参加できない。

アンアヴォイダブル
unavoidable

3

spoil スポイル

損なうこと。台なしにすること。

親に甘やかされてスポイルされた子ども。

昔とった杵柄（むかしとったきねづか）

昔、練習して覚え、今でも少し自信がある技能。

父は、昔とった杵柄とばかりにはりきっていた。

skill acquired when young（スキル アクワイアード ホウェン ヤング）

気色ばむ（けしきばむ）

怒っている様子を顔に出す。

悪口を言われて気色ばむ。

get angry（ゲット アングリー）

かさに着る（かさにきる）

他の人の力を利用していばる。

親の力をかさに着る。

overbearing（オーヴァーベアリング）

物入り（ものいり）

出費が増えること。

年末は物入りだ。

heavy expenses（ヘヴィー エクスペンスィズ）

二義的（にぎてき）

根本的でないさま。

二義的な問題として扱う。

secondary（セカンダリー）

怒り心頭に発する（いかりしんとうにはっする）

激しく怒る。

我慢ができず、怒り心頭に発した。

become very angry（ビカム ヴェリー アングリー）

よしんば

たとえそうであったとしても。

よしんば事実だとしても、彼は信用できない。

even if（イヴン イフ）

名を捨てて実を取る（なをすててじつをとる）

名誉や見た目などよりも、利益を選ぶ方が賢いということ。

More profit and less honour.

利益が大きくて栄誉が少ない

LEVEL 1 2 3

□□□
見まがう
みまがう

見間違える。

本物と見まがうほどよくできている。

ミステーク
mistake

□□□
下衆のかんぐり
げすのかんぐり

卑しい人間は何でもわざと悪い方向で物事を考えること。

下衆のかんぐりで、あれこれ人の噂をするものではない。

アンファウンディッド　ゲス　バイ　ベース　パースン
unfounded guess by base person

□□□
刹那主義
せつなしゅぎ

その場だけの快楽を得ようとする考え方。

彼が失敗したのは、その刹那主義が原因だった。

エピキュリアニズム
epicureanism

□□□
ぬかずく

額を地面につけるようにして、丁寧に拝む。

神前でぬかずく。

カウタウ
kowtow

□□□
下世話
げせわ

世間でよく言う話。

下世話な話で恐縮ですが。

コモン　セイング
common saying

□□□
鼻っ柱
はなっぱしら

鼻筋。負けない気持ち。

鼻っ柱が強い性格。

アグレッスィヴネス
aggressiveness

□□□
満了
まんりょう

一定の期間がすっかり終わること。

大統領の任期が満了する。

エクスピレーション
expiration

□□□
驚天動地
きょうてんどうち

世間を驚かすこと。

驚天動地の大騒動が勃発する。

アースシェーキング
earthshaking

□□□
時代がかる
じだいがかる

古めかしく見える。

時代がかった言い回し。

アンティークルッキング
antique-looking

□□□
半可通
はんかつう

いいかげんな知識しかないのに、通ぶること。

半可通な知識をひけらかす。

スマッタリング
smattering

□□□
ゆゆしい
重大である。

環境汚染はゆゆしい問題だ。

スィリアス
serious

□□□
五臓六腑
ごぞうろっぷ

内臓。腹の中。心の中。

きれいな山のわき水が、五臓六腑にしみわたった。

ガッツ
guts

□□□
名実
めいじつ

評判も実際も。

名実ともに日本を代表する作家。

ネーム　アンド　サブスタンス
name and substance

□□□
着の身着のまま
きのみきのまま

着ているものの他に、何も持たないこと。

火事で、着の身着のままで逃げた。

ナッスィング　バット　クローズ
nothing but clothes

□□□
居住まいを正す
いずまいをただす

きちんとした姿勢に座り直す。

居住まいを正して来客を待つ。

スィット アップ
sit up

□□□
鞭撻
べんたつ

むちうつこと。強く励ますこと。

御指導御鞭撻のほどお願い申し上げます。

エンカレッジメント
encouragement

□□□
陣容
じんよう

組織を構成するメンバー。顔ぶれ。

幹部の陣容を発表する。

ライン アップ
line-up

□□□
自浄
じじょう

自身の力できれいになること。

組織の自浄作用にゆだねる。

セルフ　クレンズィング
self-cleansing

□□□
度し難い
どしがたい

救いがたい。どうしようもない。

度し難いわからずやな子に手を焼く。

イリディーマブル
irredeemable

□□□
引責
いんせき

責任を引き受けること。

経営陣が引責辞任を発表した。

レスポンスィビリティー
responsibility

□□□
戦慄（せんりつ）
怖くて身震いすること。
その光景を見て、人々は戦慄した。
shiver（シヴァー）

□□□
殊勝（しゅしょう）
大変に感心な様子。
殊勝な心がけ。
laudable（ローダブル）

□□□
門戸を開く（もんこをひらく）
自由に出入りできるようにすること。
外国貿易に門戸を開く。
open door（オープン ドア）

□□□
意匠（いしょう）
美しくするための工夫。
意匠をこらした作品が、展示されている。
design（ディザイン）

日暮れて道遠し
ひくれてみちとおし

□□□

年をとってしまったのに、まだ目的が達成できていないこと。

The day is short, and the work is much.

一日は短いが、仕事はたっぷりある。

□□□
篤実（とくじつ）
情が深く、誠実なこと。
篤実な人柄にひかれる。
sincerity（スィンセリティー）

□□□
端役（はやく）
映画・演劇などで、重要でない役目。
ドラマの端役で出演する。
minor role（マイナー ロール）

□□□
大立て者（おおだてもの）
その社会の重要人物。
彼は財界の大立て者だ。
leading figure（リーディング フィギャー）

□□□
aufheben
アウフヘーベン
矛盾することを否定せず、より高いレベルで解決すること。止揚。
対立する考えをアウフヘーベンする。

へ

ほ

ま

ひ

ふ

な

に

ぬ

ね

の

は

つ

て

と

そ

た

ち

す

せ

く

き

お

か

う

え

さくいん

[著者プロフィール]

福田尚弘（ふくだ なおひろ）

慶應義塾大学文学部卒。コンピューター教材の企画制作を経て、現在、語学参考書を主とした企画·編集を行う。主な著書に『サクサク身につく 大人のための語彙力』『1日5分で成績が上がる！小学生の語彙力アップ1200』(以上、すべてリベラル社)、『ちょっと難しい 1000 のことば』『難語 2000』などの国語シリーズ、『最低限の日本史』（以上、すべてアーバン出版局）などがある。

イラスト　BIKKE
装丁デザイン　大場君人
装丁フォーマット　宮下ヨシヲ（サイフォン グラフィカ）
本文デザイン　琴谷綾子・渡辺靖子（リベラル社）
編集　渡辺靖子（リベラル社）
編集人　伊藤光恵（リベラル社）
営業　津田滋春（リベラル社）
制作・営業コーディネーター　仲野進（リベラル社）

編集部　山田吉之・安田卓馬・鈴木ひろみ
営業部　津村卓・澤順二・廣田修・青木ちはる・竹本健志・春日井ゆき恵・持丸孝

※本書は2018年にアーバン出版局より発刊した『レベル選択式 大人の語彙をあと1000増やす本』を文庫化したものです

できる大人の語彙力2200

2021年 5 月31日　初版発行
2024年10月 5 日　8版発行
著　者　福田 尚弘
発行者　隅田 直樹
発行所　株式会社 リベラル社
〒460-0008　名古屋市中区栄3-7-9　新鏡栄ビル8F
TEL 052-261-9101　FAX 052-261-9134　http://liberalsya.com
発　売　株式会社 星雲社（共同出版社・流通責任出版社）
〒112-0005　東京都文京区水道1-3-30
TEL 03-3868-3275
印刷・製本所　株式会社 シナノパブリッシングプレス

ISBN978-4-434-28920-0　C0130